기적의 자연식 밥상

기적의 자연식 밥상

초판 1쇄 인쇄일 2020년 12월 1일
초판 1쇄 발행일 2020년 12월 11일

지은이 송학운, 김옥경
펴낸이 노정자
펴낸곳 도서출판 고요아침

출판등록 2002년 8월 1일 제 1-3094호
주소 03678 서울시 서대문구 증가로 29길 12-27 102호
전화 02-302-3194~5
팩스 02-302-3198
이메일 goyoachim@hanmail.net

ISBN 979-11-90487-71-9(03590)

ⓒ 송학운, 김옥경 2020

기적의
자연식 밥상

송학운 김옥경 지음

고요아침

책을 엮으면서 _ 송학운

기적의 자연식 밥상

40대 초반 6개월 시한부 판정의 암을 이기고
30년을 건강하게 살고 있다

    나는 그동안 많은 언론이나 내 고백적 수기를 통해 여러분께서 잘 아는 바와 같이 1992년 고등학교 체육교사로 근무하던 중 직장암에 걸려 6개월 시한부 판정을 받았다. 누구보다도 젊은 에너지가 충일하여 의욕이 가득찼던 40대 초반이었다. 돌아보면 아뜩한 순간, 캄캄하게 모든 것이 무너져 내렸다. 막상 죽음의 문턱이 서보니 모든 것이 허망하고 두려웠다. 그로부터 많은 세월이 지났다. 헤아려보니 새봄이면 30년! 정말 나는 이 사실이 믿기지 않는다. 참으로 기적 같고 감사하다는 생각을 하게 되었다.

    그러면서 드는 생각이 이 벅찬 기적을 많은 분들께 나눠드려야 한다고 생각하게 되었다. 아직도 이 땅에는 수많은 분들이 암으로 고생하고 있다. 이분들을 위해 할 수 있는 가장 긴요한 일은 내가 새 삶을 얻게 된 이 자연식밥상의 온전함을 성심껏 보여주는 일이라 생각한다. 나는 자연식으로 식단을 바꾼 뒤 놀

랍게도 암 치유의 경험을 하게 되었다. 이 책에는 그러한 결과들이 음식으로 그대로 녹아 있다.

나는 여전히 우리 몸을 치유하는 것이 자연이라고 생각한다. 자연 속에서 건강한 음식을 9박10일만 먹어도 우리의 피는 바뀔 수 있다. 그러한 신념으로 경북 영덕군 병곡면 칠보산 자락 해발 600미터 고지에 〈자연생활교육원〉을 열었다. 여러 프로그램이 다양하게 운영 중이니 한 번 값진 경험을 해보는 것도 좋을 것이다. 하지만 여러 가지 바쁜 생활로 오시기 힘들다면 이 책에 소개된 자연식 밥상의 음식을 여러분의 식탁에 올리기를 부탁드린다. 건강한 삶은 건강한 정신을 낳고, 건강한 정신은 여러분의 삶을 보다 가치 있고 격조 있는 좋은 삶으로 바꾸어줄 것이라 믿어 의심치 않는다.

2020년 11월

자연생활교육원 원장 송학운

자연생활교육원
www.jayeonlife.co.kr
경상북도 영덕군 병곡면 칠보산1길 251-91
연락처 054-734-8090

contents

책을 엮으면서   기적의 자연식 밥상 / 송학운 _ 6

제1부_ 식탁 혁명, 자연식 밥상 차리기

인체의 으뜸약은 자연식이다 _ 21   자연식 재료사전 _ 30   꼭 알아야 할 자연식 요리지침 _ 34

cooking 1 눈과 혀를 깨어나게 하는, 자연식 양념 소스
고추장 _ 40   약고추장 _ 41   초고추장 _ 42   야채국물 _ 43   쌈장 _ 44
치자소스 _ 45   마요네즈 _ 46   냉면소스 _ 47   양념간장 _ 48

cooking 2 속이 편안해지는, 자연식 죽
현미죽 52   야채죽 53   호박죽 54   오트밀죽 56   녹두죽 58   들깨죽 59   느타리버섯죽 60   잣죽 62

cooking 3 새콤 달콤, 자연식 샐러드
양파샐러드 _ 66   과일샐러드 _ 68   단호박샐러드 _ 69   곤약샐러드 _ 70
감자샐러드 _ 72   삼색야채샐러드 _ 74

cooking 4   싱싱 생생, 자연식 무침

오이양파무침 _78   두부톳나물무침 _80   무생채무침 _81   풋고추쌈장무침 _82   파래무침 _84   도토리묵무침 _86   실파김무침 _88   우묵가사리무침 _90

cooking 5   기름이 쫘악 빠진, 자연식 전

감자고구마찹쌀전 _94   팽이버섯전 _96   늙은 호박전 _98   '두부완자전 _99   두부전 _100   느타리버섯전 _102

cooking 6   영양 높은 밑반찬, 자연식 조림

검정콩조림 _106   두부조림 _107   버섯기둥장조림 _108   땅콩조림 _110   무조림 _112   우엉조림 _114

cooking 7   노릇노릇, 자연식 구이

새송이버섯 양념소금구이 _118   노란고구마 오븐구이 _120   새송이버섯 양념불고기구이 _122   더덕 고추장구이 _124

cooking 8   쫄깃쫄깃, 자연식 밀고기

쫄깃쫄깃 밀고기 만들기 _128   불고기맛 밀고기 _130   닭강정맛 밀고기 _131   소갈비찜맛 밀고기 _132   밀고기 수육 _134   닭고기맛 밀고기 꼬지 _136   장어맛 밀고기 _138   밀고기 김치말이 _140

cooking 9 지글보글 지글보글, 자연식 찌개
무청찌개 _144   순두부찌개 _145   버섯전골 _146   감자탕찌개 _148
된장찌개 _150   김치찌개 _152

cooking 10 들들볶은, 자연식 볶음
애호박볶음 _156   감자채볶음 _157   느타리버섯볶음 _158   브로콜리볶음 _160

cooking 11 아삭아삭 사각사각, 자연식 김치
배추김치 _166   깍두기 _168   총각김치 _170   동치미 _172   얼갈이배추물김치 _173   나박김치 _174   상추겉절이 _176   밭미나리겉절이 _178   깻잎겉절이 _180   알타리무김치 _182

cooking 12 고슬고슬, 자연식 밥
유부초밥 _186   야채두부덮밥 _188   돌솥비빔밥 _190

cooking 13 후룩 후루룩, 자연식 국
미역국 _196   김국 _198   콩햄 추어탕 _200   육개장 _202

cooking 14 든든한 건강식, 자연식 면

모밀국수 _208 통밀물국수 _210 비빔냉면 _211 통밀국수 스파게티 _212 자장면 _214 잡채 _216 통밀수제비 _218 쟁반국수 _220

cooking 15 파릇파릇, 자연식 봄나물

깻잎무침 _226 달래생채 _227 두릅초무침 _228 취나물 _229 동초겉절이 _230 냉이무침 _232 돌나물생채 _233 풋마늘무침 _234

cooking 16 푸짐한 영양만점, 자연식 특별요리

콩두유 _238 감자탕수 _240 부추만두 _242 찹쌀부꾸미 _243 함지쌈말이 _244 통밀모닝빵버거 _246 표고탕수 _248 감자크로켓 _249 구절판 _250 모듬회 _252 통밀국수강정 _253

제2부_ 경이로운 의학혁명, 이것이 바로 자연식이다

잘못된 식습관이 병을 부른다 _257 맛, 보는 자연식의 비밀 _265 자연식 10일 식단표 _280

자연식은 일반식처럼 칼로리가 높지도 않고 영양소가 풍부하며, 간단히 조리하고, 가급적 자연 그대로 섭취하는 식사법이다. 따라서 소화 흡수가 잘 되는, 우리 인체에 가장 적합한 식사법이라고 할 수 있다. '자연생활의 집'에서 요리하는 자연식은 육류, 어류, 계란, 우유를 먹지 않고 단백질은 콩류로, 지방질은 견과류 등 식물성 지방으로 섭취한다. 또 현미, 통밀 등 각종 곡류와 채소류, 과일류, 해초류를 섭취하여 몸에 꼭 필요한 영양소가 풍부한 식사법으로, 몸 안의 면역력을 키워서 병을 이겨낸다는 연구결과도 발표된 바 있다. 이처럼 자연식은 우리 몸의 자연 치유력을 높여 건강한 사람에게는 각종 질병을 예방하고 환자의 병을 치료하는 효과가 탁월하다.

1 식탁혁명

자연식 밥상 차리기

자연식 길잡이 하나!

인체의 으뜸약은 자연식이다

몸에 좋은 음식이 인체의 건강을 유지시켜 주는 으뜸약이다. 자연식은 우리 인체에 활력과 건강을 약속한다. 1992년 9월 직장암 말기 판정을 받은 나는 자연식으로 식생활을 개선한 후 13년 동안 매일 행복한 자연식 밥상에서 밥을 먹는다.

균형 잡힌 자연식 식단은 우리 인체를 건강하게 한다. 탄수화물 60, 단백질 10, 지방질 10, 비타민 10, 무기질 10으로 이루어진 식사가 가장 이상적인데, 올바른 자연식으로 식습관을 유지하면 인체에 필요한 5대 영양소를 충분히 섭취할 수 있다. 또, 화학조미료의 맛에서 벗어나서 자연 본래의 맛을 유지하는 자연식 요리로 암을 예방하고 치료할 수 있다. 화학조미료가 미각신경을 둔화시키면 식품 고유의 깊은 맛을 잃어버리게 되고 영양도 손실된다. 자연식은 화학조미료를 사용하지 않고 식품 고유의 맛을 유지하는 천연 건강식이다.

요리는 하면 할수록 미각을 훼손하고 과식을 불러오지만, 도정하지 않고 정제하지 않은 자연 식품으로 미각의 균형을 바로 잡으면 건강은 충분히 유지된다. 우리들 대부분은 너무 많은 조미료의 사용으로 자극적인 음식에 길들여져 왔다. 자극적인 입맛은 보다 더 자극적인 입맛을 원하게 된다. 식품 고유의 영양을 파괴하지 않고 각 재료에 속해있는 영양소를 고루 섭취해야만 한다. 보다 더 자극적인 음식을 원한다면 보다 더 자극적인 조미료를 첨가할 수 밖에 없다. 또 이런 음식들을 자꾸 섭취하게 되면, 우리의 혈액은 탁해지고 인체는 지쳐간다.

보통 자연식은 채식이라고 잘 알려져 있다. 채식을 하게 되면 육류 섭취를 하지 않기 때문에 어떻게 체력을 유지할 수 있는지 의문을 던지는 이들도 있다. 대답은 자연식으로도 충분히 영양을 골고루 섭취할 수 있다는 것이다. 유도를 전공했던 나는 고기를 잘 섭취하는 것이 체력을 잘 키우는 길이라고 생각했다. 그러나 암을 이겨낸 후 꾸준한 자연식을 통해 단백질과 칼슘은 물론 인체에 필요한 모든 영양소를 충분히 섭취하고 있다는 것을 확신한다.

육류, 어류, 계란, 우유를 뺀 채식이 가장 올바른 자연식이

다. 두유, 콩으로 단백질을 섭취하고, 파래, 김, 일반 채소류로 칼슘을 충분히 섭취할 수 있다. 특히 채소, 해초, 견과류 등은 모두 생식이 가능한 것들이다. 이것들을 통째로 먹거나, 먹기 좋게 썰어 먹거나, 천연소스와 함께 먹으면 맛도 좋고 건강에도 좋다.

아무리 좋은 식사라도 불쾌한 마음으로 먹거나 억지로 먹게 되면 독약과 같다. 건강을 지키기 위해서 가장 중요한 사실은 '무엇을 안 먹어야 하는지'를 잘 아는 것이다. 좋은 음식은 좋은 피를, 나쁜 음식은 나쁜 피를 만든다.

암을 예방하는 9가지 건강비결

1. 야채, 과일은 하루 4백~8백mg씩 섭취하라. 특히 제철 과일이 몸에 좋다.
2. 곡식, 콩, 감자 등은 하루 5백~8백mg씩 섭취하라.
3. 흰 설탕, 흰 소금, 흰 밀가루, 조미료, 흰쌀 등의 정제된 식품을 멀리하라.
4. 아침마다 콩두유를 꼭 먹어라.
5. 소금은 최소한도로 넣어라.
6. 많이 꼭꼭 씹어 먹도록 노력하라.
7. 과식은 하지 말아라. 특히 흰쌀, 흰 밀가루음식 등은 과잉섭취를 불러온다. 과잉섭취는 췌장기능 저하로 이어져서 신체의 기능을 유지하는데 치명적이다.

8. 되도록 물을 많이 마셔라.
9. 마음을 편안하게 하고 피를 깨끗하게 하는 '깊은 숨호흡'을 아침마다 10번씩 한다. '깊은 숨호흡'은 폐까지 질 좋은 산소를 공급시킨다는 기분으로 호흡을 해 내면 훨씬 효과적이다.

'깊은 숨호흡 체조' 따라하기

1. 마음을 편안히 하고 한 곳을 응시한다.
2. 몸이 건강해진다는 생각을 하면서, 깊은 곳에서부터 천천히 숨을 들이 마신다.

3. 천천히 상체를 숙이면서, 양손바닥을 포개서 단전 위에 놓고 동작을 잠깐 멈춘다.
4. 멈춘 상태에서 입으로 토해낼 수 있을 만큼 호흡을 다 토해낸다. 이 때 기침을 한 번 하면서 이산화탄소가 모두 나온다는 기분으로 호흡을 토해내는 것이 중요하다.
5. 가슴을 다시 쫙 펴고 몸을 똑바로 하면서 코로 폐 속 깊은 곳까지 숨을 들이 마신다.
6. 다시 마음을 평안하게 하고 건강의 기를 온몸으로 느낀다.

건강한 몸을 만드는 5가지 건강비결

1. 몸의 면역력을 키워라.
   먹는 것을 바꾸는 것이 몸 안의 면역력을 키울 수 있는 최고의 길이다.
2. 하늘의 기운을 마셔라.
   하늘이 내 몸을 고치는 의사와 같다. 하늘의 맑고 푸른 기운을 마셔라. 좋은 공기, 좋은 햇빛이 바로 그것이다.
3. 간을 쉬게 하라.
   간이 피로하면 되도록 음식을 적게 먹어야 한다. 또 아침과 점심 사이, 점심과 저녁 사이에 간식을 절대로 먹어서는 안 된다. 간은 스스로 치유가 가능하므로, 지친 간에 끊임없이 음식을 공급하지 말고 소식을 하는 것이 좋다. 지친 간은 쉬면서 다시 낫는다.

4. 나만의 물병을 들고 다녀라.

   물은 오장육부를 가장 깨끗하게 한다. 생수를 하루 1.8*l* (200cc잔으로 6~8잔)씩 마시는 것이 좋다.

5. 마음을 편하게 하라.

   모든 스트레스는 건강의 적이다. 감사한 마음, 편안한 마음의 기운이 건강을 보장한다.

운동 건강법

- 자기 심폐 능력에 맞는 운동을 한다. 자신의 몸에 맞는 적당한 운동은 몸 안에 엔돌핀을 공급한다. 운동 후 피로가 20분 이상 가면 무리한 운동이므로 의심해봐야 한다.
- 운동을 할 때 관절을 잘 풀어주고 10분 정도 준비 운동을 한 뒤 걷는 것을 포함한 다양한 운동을 한다.
- 운동 후 정리 운동을 10분 정도 하는 것이 좋다. 운동 후 찬물로 샤워하는 것을 조심해야 한다.
- 좋은 산책 코스를 돌거나 등산이나 몸에 맞는 적절한 운동은 명상과 치료에 도움이 된다.
- 신선한 공기를 마시고 햇빛을 충분히 받는다. 햇빛 속에 우울증을 치료하고 엔돌핀을 활성화시키는 요소가 들어있다.

마음 건강법

- 항상 웃는 연습을 한다. 웃는 마음에 복이 들고 웃음의 기운은 놀라운 에너지를 만들어낸다.
- 감사와 희망의 마음으로 자신의 인생을 즐길 수 있도록 한다. 긍정적인 생각이 행복한 삶을 이끌어낸다.
- 집착을 버리며 이기심에서 벗어나 자기 것을 양보한다. 개인적인 시간을 너무 많이 가지지 말고 동료나 이웃들과 대화하는 시간을 자주 갖는다.
- 일주일에 하루 만이라도 자연과 함께 휴식을 취한다.

수면 건강법
- 수면은 최대한 빨리, 충분한 시간동안 숙면을 취한다. 주로 저녁 9시부터 새벽 3시 사이에 성장 호르몬이 가장 많이 생성되기 때문에 치료나 건강을 위해서는 꼭 그 시간에 잠자리에 든다.

생수 마시기 건강법
- 아침, 점심, 저녁 3회에 걸쳐 공복 상태에서 생수 한 컵을 조금씩 천천히 음미하며 씹어 마신다. 공복에 수시로 마시는 생수는 질병을 예방하고 체질을 개선한다.
- 마시는 생수는 끓이거나 가공하지 않은 생수가 좋고 체열과 비슷한 온도의 물이 가장 좋다. 인체에 유독한 성분이나 병균이 없는 깨끗한 생수를 마신다. 신선한 물에는 생체 촉매 작용을 하는 요소가 들어있다.
- 생수를 마시고 난 후 바로 눕지 말고 가벼운 산책을 하며 소화를 돕는다.
- 생수는 하루 정해진 시간에 규칙적으로, 필요한 양만큼 마시고 식사 전후 1시간 동안 생수는 마시지 않는다.
- 소량의 미네랄이 함유된 것은 괜찮지만 이온을 제거한 생수는 특별한 의학적 처방이 아닌 경우 마시지 않는다.

자연식 재료사전

현미

벼의 겉껍질을 벗겨내고 속껍질은 남겨둔 누런 쌀에는 비타민, 무기질, 지방이 그대로 보존되어 있다. 이것이 바로 현미이다. 다소 거칠어서 여러 번 씹어야하는 불편이 있지만, 씹으면 씹을수록 우리 몸에 좋다. 특히 현미에 율무를 넣고 가루로 만들어 죽으로 먹으면 위암, 만성위장병에 좋다.

통밀가루

껍질을 제거하지 않은 거친 가루이다. 비타민인 토코페롤이 들어 있어서 성장기 아이들에게 아주 좋다. 자연식에서 만드는 면이나 빵 요리에 주로 사용한다.

들깨, 참깨

기름은 짜지 말고 날것 통째로 먹는다. 깨에 들어있는 필수지방산은 짜지 않고 그대로 먹으면 암을 발생하는 인자를 억제한다. 참기름보다는 되도록 참깨, 들깨를 그냥 섭취하거나 가루를 내어 조리시 사용한다. 참깨는 특히 위장 질환이나 소화불량으로 인한 허약체질 개선에 좋다.

가루간장

콩의 위험요소인 아폴로톡소를 피하기 위하여 발효시키지 않고 가공하지 않은 천연간장으로, 액체상태가 아닌 가루 상태의 간장이다. (환자일 경우에는 가루간장을 사용, 일반인은 진간장을 사용해도 좋다. 전국 채식부페식당에서 구입이 가능하다.)

구운소금

흰 소금은 몸에 가장 해롭다. 소금은 음식맛을 내는 기본 재료인데, 구운소금을 아주 적당량만 넣어서 요리하는 것이 좋다.

야채국물

양파, 버섯, 파, 무우 등 각종 야채들을 오랜시간 우려낸 물은 모든 자연식 요리에 들어간다. 국이나 찌개의 국물은 모두 야채국물을 사용한다. 또, 자연식은 기름을 사용하여 음식을 튀기기보다는 볶음이나 조림 요리에도 야채국물을 적당량 사용한다.

글루텐

통밀가루를 반죽한 다음 찬물에 주물러 녹말을 헹구어 내면 단백질만 남게 된다. 이것이 바로 글루텐이라는 밀고기를 만드는 재료이다. 자연식에서는 고기류를 섭취하지 않는다. 그 대신 밀고기를 만들어 고기 대용으로 먹는다. 각종 시중 건강식품코너에서 글루텐 가루를 판매하기 때문에 구입하기에도 쉽다.

비트

고기처럼 붉은 색을 내게 하는 것으로 밀고기를 만들 때 사용한다.

올리브열매

소변과 대변의 작용을 도와준다. 올리브는 생것 그대로 먹는 것이 가장 좋다. 폐에 이상있는 사람에게 아주 좋은 식품이다.

조청

자연식에서는 흰 설탕을 사용하지 않는다. 단맛을 내기 위해서 조청 등의 전통 감미료를 사용한다.

캐슈넛, 피스타치오

사람 몸 안에서 만들어지지 않는 지방이 바로 필수지방산이다. 이것이 부족하면 영양실조에 걸리기 쉽다. 견과류나 열매의 씨앗에는 필수지방산이 많이 들어있다. 캐슈넛이나 피스타치오를 식사때마다 몇 알씩 갖추어서 먹도록 한다. 견과류는 조리시에 잘게 부수어 가루를 낸 후 음식 위에 뿌려 먹으면 그 맛이 고소하다.

호두

호두는 노화예방에 효과가 탁월하고 추위를 심하게 타는 사람들이 섭취하면 좋다. 또 어린이의 두뇌성장, 불면증, 동맥경화를 예방하고, 생호두의 살과 생강차를 함께 먹으면 위궤양에 좋다.

아마씨

피를 응고시키는 혈소판의 서로 엉겨붙은 성질을 감소시켜 혈압을 낮춰주고, 심근경색이 발생할 때 심장근육의 손상을 줄여주는 효과가 탁월한 오메가-3가 가장 많이 들어있다. 오메가-3 지방산 섭취를 잘 하면 류마티스 관절염, 소화성 궤양, 궤양성 장염 등에 좋다. 또 우울증, 유방암 및 대장암을 예방하고 만성 폐질환 예방에도 탁월하다.

꼭 알아야 할 자연식 요리지침

· 식사 때마다 영양의 균형을 맞추기 위해 식품의 종류를 바꾼다.

아침 _ 단백질 위주 식단(견과류 중시)

두유와 사과, 현미떡과 통밀빵, 견과류

점심 _ 탄수화물 위주 식단(채소과일, 야채 중시)

채소과일은 1년생 과일을 말하는데 딸기, 수박, 참외, 토마토, 바나나, 메론 등이 여기에 속한다. 점심식사에는 꼭 채소와 같이 먹어도 소화가 잘 되는 채소과일을 먹는다.

현미잡곡밥, 야채쌈, 콩류(두부), 김치, 버섯류, 해초류, 뿌리채소(연근), 열매채소(토마토)

저녁 _ 비타민 위주 식단(과일 중시)

채소는 먹지 않고 과일을 먹는다. 다년생 과일인 사과, 배, 포도, 오렌지, 밀감, 단감, 홍시, 복숭아, 자두 등이 좋다. 다년생 과일은 채소와 같이 먹으면 소화력이 약한 사람들은 소화가 잘 되지 않으므로 채소와 분리해서 먹는다.

통밀국수나 통밀식빵, 고구마, 과일류

- 저농약 또는 무농약으로 재배된 곡식이나 채소류를 구입해서 사용한다.
- 음식은 모두 꼭꼭 씹어 먹으면서 30분 이상을 식사시간으로 활용하고, 식사와 식사 사이의 간격은 5시간이 좋다.
- 한끼에 반찬은 3~4가지 이상 먹지 않는 것이 좋다. 음식종류가 늘어나면 위장에 가스를 유발하고 음식을 부패시킨다.

5대영양소

1. 탄수화물은 쌀, 보리, 밀, 수수, 기장, 오우트밀 같은 곡류로 섭취가 가능하다. 한 가지보다는 서로 섞어서 먹으면 몸에 이롭다.
2. 단백질은 두유 등으로 섭취가 가능하다. 특히 아침마다 콩두유를 섭취하면 소화가 촉진되고, 몸에 가장 좋은 한끼 아침식사로 충분하다.
3. 지방은 주로 견과류와 종실류로 섭취가 가능하다. 호두, 잣, 아몬드 등의 견과류는 매 식단마다 적절하게 섭취하고, 참깨, 들깨, 씨앗 등의 종실류는 되도록이면 기름을 짜지 않고 섭취하는 것이 몸에 이롭다.
4. 비타민과 무기질은 채소와 과일 등으로 섭취가 가능하다. 깨끗한 무공해 채소와 과일로 맑은 혈액을 공급시키도록 한다.

* 자연식 요리의 모든 재료들은 3-4인분 기준으로 조정되었어요.
* 재료마다 한 컵 기준은 250CC분량이에요.
* 저울에 달아 사용하기 좋게 그램수 등으로 표시해두었어요.

cooking 1

눈과 혀를
깨어나게 하는

자연식 양념 소스

널리 의학을 밝혀 집집마다 의학을 알고
사람마다 병을 알게 된 후에야 가히 장수하게 될 것이다.
– 이제마 선생《동의수세보원》

자연식 소스는 천연식이다. 조청, 구운소금, 꿀, 깨소금, 다진 마늘을 기본으로 하여 현미찹쌀가루, 잣, 표고버섯, 고추 등을 첨가하여 맛을 낸다. 기호에 따라 캐슈넛, 피스타치오 같은 견과류나 과일 등을 섞어서 만들면 더 좋다.

고추장

재료

단호박 200g, 생수 1컵(한 컵 기준 250cc), 조청 1/2컵(한 컵 기준 250cc), 현미찹쌀가루 120g, 구운소금 25g, 고운 고춧가루 150g

이렇게 만들어요

1. 껍질을 깐 단호박의 씨를 먼저 뺀 후 깨끗이 씻는다.
2. 생수를 붓고 10분 정도 삶은 단호박을 믹서기에 간다.
3. 믹서기에 간 단호박에 현미찹쌀가루, 조청을 넣고 대략 30분 정도 저어주며 푹 끓인다.
4. 센 불에서 5분 정도 더 끓이다가 구운소금을 넣고 저어준다.
5. 다 끓으면 불을 끄고 고운 고춧가루를 넣고 섞는다. 뜨거울 때 잘 버무려야 한다.

약고추장

재료

자연식 고추장 200g, 다진 마늘 10g, 베지버거 100g, 조청 1큰술, 잣 10g, 올리브기름 1/2큰술

이렇게 만들어요

1. 베지버거, 다진 마늘을 넣고 살짝 볶는다.
2. 자연식 고추장, 조청을 넣고 약한 불에서 저으면서 끓인다.
3. 잣은 고깔을 빼고 자근자근 다진 후 약고추장에 올리브기름과 함께 섞는다.

초고추장

재료

고추장 5큰술, 레몬 1개, 꿀 2큰술, 실파 5뿌리, 통마늘 반쪽, 조청 1큰술, 깨소금 1큰술, 가루간장 2큰술, 구운소금 1/2큰술

이렇게 만들어요

1. 고추장에 레몬즙, 꿀, 마늘 다진 것, 조청, 깨소금을 넣고 섞는다.
2. 실파는 잘게 썰어서 섞는다.
3. 가루간장, 구운소금을 넣고 간을 한다.

야채국물

재료

생수 3000cc, 양파 100g, 말린 표고버섯 30g, 무 150g, 다시마 20g

이렇게 만들어요

1 생수에 말린 표고버섯, 양파, 무, 다시마를 넣고 팔팔 끓인다.
2 다시마는 5분이 지나면 먼저 건져낸다.
3 끓는 물을 약한 불로 조절하여 1시간 정도 더 끓인다.

COOKING TIP   야채국물은 대부분의 자연식 요리에 사용된다. 그러므로 많은 양을 끓여서 식힌 뒤 냉장보관하면 편리하고, 신선도도 유지된다.

쌈장

재료
불린 메주콩 175g, 생수 2컵(한 컵 기준 250cc), 양파 30g, 마늘 반쪽, 고추장 1큰술, 가루간장 1큰술, 조청 1큰술, 깨소금 1큰술, 야채국물 2큰술

이렇게 만들어요
1. 불린 메주콩에 생수를 붓고 약 30분 정도 삶는다.
2. 양파와 마늘을 다진다.
3. 삶은 콩을 뜨거울 때 알갱이가 씹힐 정도로 찧는다.
4. 찧은 콩에 고추장, 다진 양파와 마늘, 조청, 깨소금, 야채국물을 넣고 버무린다.

COOKING TIP 기호에 따라 좋아하는 견과류 한두 가지를 넣으면 씹히는 아삭함이 있어 맛이 더 좋아진다.

치자소스

재료

치자물 2큰술, 캐슈넛 60g, 꿀 5큰술, 레몬 1개, 다진 마늘 1큰술, 구운소금 1작은술

이렇게 만들어요

1 모든 재료를 서로 잘 섞는다.
2 믹서기에 곱게 간다.

COOKING TIP 비트와 꿀, 구운소금, 레몬 등을 잘 섞으면 붉은 빛깔의 소스가 완성된다. 이 소스를 연근에 담가 놓고 1시간 정도 지난 후 먹어도 좋다.

소장·심장 열 다스리기에 좋은 치자

『동의보감』 약성가에 보면 치자는 소장과 심장의 열을 다스리며 위염에 효과가 있다고 적혀있다. 소변을 시원하게 배설해주고 황달을 제거해준다고 하며 눈이 충혈될 때도 쓰인다. 또 위염과 만성 소화불량, 당뇨병을 치료한다.

마요네즈

재료

레몬 1개, 캐슈넛 60g, 양파 25g, 올리브기름 4큰술, 꿀 5큰술, 구운소금 1작은술, 다진 마늘 1/2 작은술

이렇게 만들어요

1. 모든 재료를 서로 잘 섞이게 한다.
2. 믹서기에 곱게 간다.

COOKING TIP 캐슈넛, 피스타치오, 바나나, 키위 등을 다져서 섞으면 맛있는 과일 견과류 잼이 완성된다. 신선하고 맛 좋고 향 좋은 과일잼은 특히 통밀빵 위에 얹어 먹으면 좋다.

냉면소스

재료

껍질 벗긴 파인애플 250g, 배 20g, 양파 1개(약 50g), 가루간장 2큰술, 꿀 1큰술, 매실액 2큰술, 실파 3뿌리, 자연식 고추장 1컵(한 컵 기준 250cc), 올리브기름 2큰술, 깨소금 1큰술

이렇게 만들어요

1. 파인애플, 배, 양파 껍질을 벗긴 후 각각 곱게 다진다.
2. 자연식 고추장에 가루간장, 꿀, 매실액, 올리브기름, 깨소금을 넣고 섞는다.
3. 다진 파인애플, 배, 양파를 2에 넣고 실파를 잘게 썰어서 마무리한다.

COOKING TIP   매실액을 만들 때 청매실에 꿀을 넣고 재운다.

양념간장

재료

야채국물 1/2컵(한 컵 기준 250cc), 가루간장 2 1/2큰술, 청고추 반개, 홍고추 반개, 실파 1뿌리, 깨소금 1큰술, 다진 마늘 1작은술, 고춧가루 3큰술

이렇게 만들어요

1. 야채국물에 가루간장, 다진 마늘, 고춧가루를 섞는다.
2. 청고추, 홍고추, 실파를 같은 크기로 잘게 썬다.
3. 잘게 썬 **2**의 재료들을 **1**번과 함께 섞는다.
4. 깨소금으로 마무리한다.

cooking 2

속이 편안해지는

자연식 죽

식사법이 잘못되었다면 약이 소용이 없고,
식사법이 옳다면 약이 필요가 없다.
– 고대 아유르베딕 속담

소화가 잘 되는 영양만점 자연식 죽은 대장에 좋은 현미, 각종 야채, 머리에 좋은 호박, 귀리, 녹두, 들깨, 느타리버섯, 잣 등으로 요리할 수 있다. 현미, 현미찹쌀 등은 3-4시간씩 잘 불린 후 사용하고, 재료에 따라 생수를 붓고 믹서에 갈아서 요리에 사용한다.

현미죽

재료

현미쌀 150g, 생수 5컵(한 컵 기준 250cc), 구운소금 1작은술.

이렇게 만들어요

1. 현미쌀을 4시간 정도 불려둔다.
2. 적당히 불려진 현미쌀을 쌀알이 반 정도 남아있도록 갈아준다.
3. 두꺼운 냄비에 생수를 붓고 약한 불에서 쌀알이 퍼지도록 나무주걱으로 저어준다.
4. 마지막에 구운소금으로 약간만 간을 한다.

대장에 좋은 현미

현미는 벼의 겉껍질인 왕겨만 벗겨내어 비타민과 무기질, 지방이 보존된, 영양을 두루 갖춘 쌀이다. 섬유질 함량이 높아서 소화가 잘 되고, 배설도 원활하게 돕는다. 대장염, 대장암, 당뇨, 고혈압 등의 예방과 치료에 좋다. 또, 백미에 비해서 비타민E와 식이섬유량이 3~4배 이상 들어있다.

야채죽

재료
현미쌀 1컵(한 컵 기준 250cc), 야채국물 5컵(한 컵 기준 250cc), 당근 20g, 양파 20g, 감자 20g, 양송이버섯 20g, 호박 20g, 대두콩 40g, 캐슈넛 40g, 구운소금 1작은술

이렇게 만들어요
1. 양송이버섯, 양파, 호박, 당근, 감자를 다진다.
2. 현미쌀을 4시간 정도 불린 후 쌀알이 반 정도 남아있도록 간다.
3. 야채국물을 붓고 약한 불에 썰어놓은 야채들과 함께 쌀알이 퍼지도록 저어준다. 이때 두꺼운 냄비를 사용한다.
4. 삶은 대두콩, 캐슈넛을 곱게 갈아서 완성된 죽에 넣는다.
5. 구운소금으로 간을 해서 마무리한다.

COOKING TIP 죽에 견과류를 넣을 때는 죽이 다 끓고 나서 마지막에 넣어야 고소하다.

호박죽

재료

늙은 호박 1kg, 현미찹쌀 1컵(한 컵 기준 250cc), 생수 6컵(한 컵 기준 250cc), 팥 30g, 양대콩 30g, 구운소금 1작은술

이렇게 만들어요

1. 늙은 호박의 껍질과 씨를 제거한 뒤 대충 썰어서 양대콩, 팥과 함께 약 30~40분 정도 푹 삶는다.
2. 다 익었으면 주걱으로 으깬다.
3. 구운소금과 꿀로 간을 한 뒤, 현미찹쌀을 뿌리면서 저어준다.

머리에 좋은 호박

호박의 주성분은 수분, 단백질, 지방, 당질, 회분으로 구성되어 있고 잘 익을수록 좋다. 필수아미노산인 태시틴이 들어있어 머리를 좋게하는 호박의 지방은 불포화 지방산을 포함하고 있어서 성인병 예방에도 좋고 독특한 향기를 낸다. 또 변비 개선, 여드름, 기미, 주근깨 등을 예방하고 치료하는데 큰 효과가 있다. 특히 늙은 호박의 누런색의 선명도는 호박이 지닌 영양과 유효성분 함량을 말해주고 호박 속에 있는 섬유질은 호박 중에서도 영양이 밀집한 곳이기 때문에 음식을 만들 때 함께 이용하면 좋다.

콜레스테롤 저하에 뛰어난 귀리

귀리는 섬유질이 많아 그대로 먹기가 힘들기 때문에 오트밀로 가공해서 먹는다. 귀리는 현미를 능가하는 영양소를 가지고 있으며, 최근 귀리의 영양소에 관한 관심이 높아지고 있다. 귀리의 아미노산은 현미의 것과 비슷하며 우유나 콩을 섞어먹으면 고단백식품이 된다.

귀리의 또 한 가지 특징적인 성분은 식물성 섬유인데, 이것으로 인한 콜레스테롤 저하작용, 혈당저하작용, 변비완화작용, 심장강화작용, 항암작용 등이 주목받고 있다. 특히 귀리의 혈중 콜레스테롤에 대해서 많은 연구가 이루어지고 있는데, 고콜레스테롤 혈중환자 약 85%가 인체에 유해한 LDL 콜레스테롤 수치는 20% 정도 떨어졌고, 유익한 HDL 콜레스테롤 수치는 약 15% 증가했다. 귀리

오트밀죽

재료
생수 4컵(한 컵 기준 250cc), 오트밀 40g, 양송이버섯 20g, 양파 20g, 구운소금 1작은술, 캐슈넛 10g, 가루간장 1작은술, 메주콩 20g

이렇게 만들어요
1. 오트밀을 간 다음 끓는 물에 넣고 저어준다.
2. 양송이버섯과 양파를 잘게 다진 후 **1**에 넣고 저어준다.
3. 캐슈넛을 곱게 갈아서 넣고 구운소금, 가루간장으로 간을 한다.

의 혈중 콜레스테롤 저하작용은 여러 영역에서 다 나타났는데, 혈중 콜레스테롤 수치가 150이었던 사람도 120으로 떨어졌고, 위험수치에 있던 사람도 280으로 내렸으며 285였던 사람도 귀리를 매일 먹고 5주 만에 175로 떨어졌다고 한다. 귀리를 먹고 가장 효과를 본 사람들은 콜레스테롤 수치가 240~300 사이의 사람들인데 약 3주 만에 최고 23% 저하를 나타냈다는 보고가 있다. 또한 귀리는 장 안의 발암물질 농도를 낮추어 암에 걸릴 위험을 줄여주고 또 단백질 분해효소인 프로테아제 작용을 억제하는 물질이 있어 항암작용을 나타낸다. 귀리가 포함된 음식을 많이 먹으면 심장마비와 뇌졸중도 예방할 수 있다.

녹두죽

재료

녹두 1컵(한 컵 기준 250cc), 생수 10컵(한 컵 기준 250cc), 현미쌀 1/2컵, 구운소금 1작은술

이렇게 만들어요

1. 현미쌀을 요리하기 4시간 전에 불린다.
2. 녹두에 생수를 붓고 푹 삶는다.
3. 삶은 녹두를 믹서기에 곱게 갈아서 미리 불려둔 현미쌀을 넣고 끓인다.
4. 구운소금으로 간을 한다.

해독작용에 좋은 녹두

녹두는 열을 내리고 해독을 시켜주는 작용을 한다. 또 종기로 피부가 붉게 된 증상에 사용하면 좋지만 너무 많이 먹으면 설사를 할 수 있으므로 주의한다.

들깨죽

재료

현미쌀 1컵(한 컵 기준 250cc), 들깨 1/3컵(한 컵 기준 250cc), 생수 5컵(한 컵 기준 250cc), 구운소금 1작은술, 생수 6컵

이렇게 만들어요

1. 현미쌀을 요리하기 4시간 전에 불린다.
2. 불린 현미쌀에 들깨를 넣고 생수(5컵 분량)를 부어 곱게 간다.
3. 곱게 간 현미와 들깨에 적당량의 생수(6컵 분량)를 또 넣고 나무주걱으로 저으면서 끓인다.
4. 구운소금으로 간을 한다.

느타리버섯죽

재료

현미찹쌀 1컵(한 컵 기준 250cc), 생수 5컵(한 컵 기준 250cc), 인삼 10g, 느타리버섯 60g, 대추 2개, 밤 3개, 통마늘 5쪽, 구운소금 1작은술

이렇게 만들어요

1. 현미찹쌀을 요리하기 4시간 전에 불린다.
2. 생수, 인삼, 느타리버섯, 대추, 밤, 통마늘을 넣고 쌀알이 퍼지도록 끓인다.
3. 구운소금으로 간을 한다.

항암치료에 좋은 느타리버섯

느타리버섯은 90%가 수분이며 그 나머지는 단백질과 지방, 무기질 등이 차지하고 있다. 칼로리가 거의 없고 맛이 좋아 다이어트 식품으로 좋다. 느타리버섯은 비타민B2, 니아신, 비타민D, 칼륨이 풍부하다. 비타민 B2는 성장을 촉진하고 지방, 단백질, 당질의 소화흡수를 돕는다. 니아신은 피부염을 예방하며, 비타민D는 칼슘을 흡수하고 뼈를 만드는데 필수적인 영양소다. 칼륨 성분이 고혈압을 예방하고 인이 뼈와 치아를 튼튼하게 해준다. 무엇보다 느타리버섯은 항암효과는 물론 암환자의 탈모, 구토, 설사 등의 부작용을 줄여주는 효과가 있다.

잣죽

재료

현미쌀 1컵(한 컵 기준 250cc), 생수 5컵(한 컵 기준 250cc), 잣 2큰술, 구운소금 1작은술

이렇게 만들어요

1. 현미쌀을 미리 불려둔다.
2. 불려둔 현미쌀에 생수를 넣고 간다. 잣도 곱게 갈아둔다.
3. 갈아놓은 현미쌀과 잣을 섞어서 남은 생수를 넣고 나무주걱으로 저으면서 끓인다.
4. 구운소금으로 간을 한다.

cooking 3 # 새콤 달콤

자연식 샐러드

건강을 유지하는 유일한 길은 원하지 않는 것을 먹고,
좋아하지 않는 것을 마시고, 하기 싫은 일을 하는 것이다.
- 마크 트웨인

샐러드는 입맛을 살리는 효과가 있어서 식사 전에 먼저 먹거나 식사와 함께 먹어도 좋다. 샐러드로 만들 수 있는 재료들은 야채와 채소, 과일 등인데, 견과류 등을 적당히 갈아서 자연식 마요네즈를 끼얹어 먹으면 맛 좋고, 모양 좋은 샐러드 한 접시가 완성된다.

양파샐러드

재료

양파 반개(약 120g), 자연식 마요네즈 2큰술(레몬 1개, 캐슈넛 60g, 양파 25g, 올리브기름 4큰술, 꿀 5큰술, 구운소금 1작은술, 다진 마늘 1/2작은술)

이렇게 만들어요

1 양파를 얇게 채썬 다음 생수에 살짝 헹군다.
2 양파를 채에 받쳐 물기를 제거한다.
3 자연식 마요네즈를 넣고 가볍게 버무린다.

신진대사에 좋은 양파

양파는 우리 인체에 꼭 필요한 여러 가지 역할을 하는 우수한 식품이다. 양파에는 휘발성분인 유화알릴이라는 성분이 있어서 몸의 신진대사를 활발하게 도와주고 몸을 따뜻하게 보호해주며, 소화액 분비를 촉진시켜 위도 튼튼하게 한다. 그리고 위와 장 점막을 자극해서 소화분비를 원활하게 해주는 역할을 한다. 무엇보다 양파는 면역력 증강에 도움이 되는 재료로 해독기능을 하며 열을 내려준다. 또한 양파의 겉껍질 속에 켈세진이라는 성분이 들어있는데, 동맥경화, 고혈압, 괴혈증, 폐질환 등의 성인병을 예방하고 혈관의 확장과 수축을 원활하게 하는 작용을 한다.

양파는 정력을 좋게 하고 신진대사를 높여주는 대표적인 스태미너 식품이다. 양파를 많이 먹으면 고지방을 섭취해도 혈전이 생기지 않아 콜레스테롤 수치를 낮춰 준다. 흥미로운 연구로 양파는 당뇨병에도 유효하다고 밝혀졌다. 양파가 췌장에서 인슐린 분비를 촉진하며 인슐린과 비슷한 당질대사를 도와주는 성분이 있는 듯하다는 것이 현재 과학자들의 주장이다.

참고할 사항은 양파를 장기간 편식하게 되면 요오드 결핍증으로 갑상선종을 유발시킨다는 점이다. 반면 과다섭취시에는 소화기계를 자극하여 오심과 구토를 일으키고 심장과 신장기능 손상과 단백뇨, 혈뇨증을 유발시킨다. 특히 궤양성 대장염에는 절대 금물이다.

과일샐러드

재료

사과 1개(약 230g), 귤 2개(약 185g), 파인애플 200g, 배 150g, 키위 1개(약 90g), 방울토마토 150g, 자연식 마요네즈 3큰술, 바나나 반개(약 40g), 흑임자 약간

이렇게 만들어요

1 사과, 파인애플, 배, 키위를 1cm 굵기의 깍두기 모양으로 썬다.
2 방울토마토는 1/4 크기로 자른다.
3 귤은 껍질을 까서 한 조각씩 떼어놓는다.
4 자연식 마요네즈에 바나나를 넣고 믹서를 해서 소스를 만든다.
5 1에서 3까지 준비한 재료를 4의 소스와 함께 버무린다.
6 흑임자를 완성된 과일샐러드 위에 조금 뿌린다.

단호박샐러드

재료

단호박 200g, 자연식 마요네즈 2큰술, 다진 땅콩 2큰술

이렇게 만들어요

1 끓는 물에 찜통을 받치고, 단호박은 8등분하여 약 15분 정도 쪄서 익힌다.
2 1의 호박 위에 자연식 마요네즈를 듬뿍 끼얹는다.
3 껍질을 깐 땅콩을 볶아서 다진 다음 뿌려준다.

곤약샐러드

재료
곤약 150g, 자연식 마요네즈 3큰술, 흑임자 약간

이렇게 만들어요
1 곤약을 아주 얇게 채를 썬다.
2 끓는 물에 약 5분 정도 곤약이 투명해질 때까지 삶는다.
3 차가운 생수에 곤약을 헹군 다음 음식 탈수기에 넣고 물기없이 탈수한다.
4 자연식 마요네즈를 넣고 버무린다.
5 흑임자를 완성된 곤약 샐러드 위에 조금 뿌린다.

피를 맑게 하는 곤약

곤약은 영양가와 칼로리가 거의 없는 식품으로, 동물성 식품을 좋아하는 사람, 만성질환자, 임산부 및 변비에 시달리는 사람에게 좋다. 곤약을 먹으면 인체부위 중 배나 고환에 찼던 모래나 여러 가지 노폐물들이 씻겨 나간다고 하는데, 이것은 곤약이 피를 맑게 해주는 작용을 하기 때문이다. 곤약은 혈액 속의 콜레스테롤 수치를 낮추고, 일종의 식이섬유로서 변비를 예방한다.

재료

감자 2개(약 160g), 양파 20g, 꿀 1큰술, 레몬 1/3개, 구운소금 1/2작은술, 자연식 마요네즈 2큰술

이렇게 만들어요

1. 감자는 껍질을 벗겨서 4등분한 다음 약 10분~15분 정도 찐다.
2. 양파는 채를 썰고, 오이는 먼저 절반을 자른 후 다시 1/4 크기로 얇게 썬다.
3. 썰어놓은 양파와 오이를 꿀, 레몬, 구운소금과 함께 5분 정도 재워서 물기를 꼭 짠다.
4. 감자는 뜨거울 때 곱게 으깨서 앞에서 재워놓았던 양파, 오이와 함께 자연식 마요네즈를 넣고 버무린다.

COOKING TIP 통밀 식빵에 감자샐러드를 넣어서 샌드위치를 만들어 먹어도 좋고, 감자수프는 유아의 영양 부족을 방지하고, 감자와 두유를 함께 먹으면 최고의 영양식이다.

감자샐러드

감자의 생즙은 설사를 멈추게 하고 기관지천식, 피부병에도 좋다. 고혈압, 심장병에도 좋은 감자는 즙을 내어 마시면 지방을 분해시켜 날씬한 몸매를 유지시켜 준다.

빈혈에 좋은 감자

감자는 '알레르기 질환의 방패'라고 불릴 정도로 면역력 증강 효과가 탁월한 재료이다. 감자는 피부 점막을 깨끗하게 만들어주며 소화 흡수 기능이 뛰어나다.

빈혈의 다양한 종류 중 가장 많은 것이 철분 부족에서 오는 결핍성 빈혈이다. 철분을 많이 섭취한다고 해도 장에서 흡수되기 쉬운 형태로 바꿔주지 않으면 대부분이 배설되어 소용없게 된다. 그러므로 비타민C와 위산 작용이 필요하다. 이때 감자에 많이 함유되어 있는 비타민C는 철과 결합하여 장에서 흡수를 돕기 때문에 빈혈을 방지하는 효과가 매우 크다. 뿐만 아니라 감자는 아르기닌 성분을 함유해 궤양의 출혈을 막는 효과가 있고, 위에 생긴 상처의 염증을 줄여주고 보호막을 만들어주는 역할을 한다. 이밖에 경련을 가라앉히는 작용과 암을 억제하는 작용도 있다. 무엇보다 감자의 탄수화물은 밥이나 고구마보다 낮고 소화는 서서히 이루어져 쌀밥처럼 혈당치의 급상승이 일어나지 않는다. 또한 비타민C가 부족할 때 인슐린 생산이 감소하므로 당뇨병에 좋다.

삼색야채샐러드

재료

당근 70g, 양배추 70g, 적채 120g, 오이 25g, 자연식 마요네즈

이렇게 만들어요

1. 양배추, 적채, 당근은 얇게 채를 친다.
2. 자연식 마요네즈에 오이를 넣고 믹서를 해서 소스를 만든다.
3. 얇게 채를 친 야채 위에 준비한 소스를 넣고 버무린다.

소화기 질환을 예방하는 양배추

양배추에는 소화효소가 충분히 들어 있어서 위장장애를 자주 일으키는 사람은 평소 양배추를 날것으로 혹은 살짝 데쳐 먹으면 효과를 볼 수 있다. 양배추를 꾸준히 먹는 것만으로도 위염, 위궤양, 십이지장궤양 등 소화기 질환을 예방할 수 있다. 양배추의 비타민U가 상처가 생긴 위 점막을 빠르게 회복시켜 주기 때문이다.

cooking 4 # 싱싱 생생

자연식 무침

> 아무리 좋은 식사라도 불쾌한 마음으로 먹거나
> 억지로 먹게 되면 독약과 같다. 건강을 지키기 위해서
> 가장 중요한 사실은 '무엇을 안 먹어야 하는지'를 잘 아는 것이다.
> 좋은 음식은 좋은 피를, 나쁜 음식은 나쁜 피를 만든다.
> – 송학운

가루간장, 조청, 구운소금들로 기본 간을 하는 자연식 무침요리는 김, 오이, 양파, 두부, 톳나물, 무, 파래, 쑥갓 등으로 요리한다. 적당히 간이 들어간 무침요리는 밥반찬으로 좋은데, 특히 해초류, 신선한 채소류 등을 자주 사용한다.

재료
오이 1개(230g), 양파 반개(약 100g), 구운소금 1/2큰술, 야채국물 3큰술, 가루간장 1큰술, 고춧가루 1큰술, 통마늘 1쪽, 조청 1작은술, 통깨 1큰술

이렇게 만들어요
1. 오이를 반으로 잘라서 큼직하게 어슷썰기를 한다.
2. 잘 썰은 오이를 구운소금에 약 5분 정도 절인다.
3. 양파 반쪽을 4등분하여 하나씩 벗겨낸다.
4. 야채국물에 가루간장, 마늘, 통깨, 조청, 고춧가루를 넣고 양념장을 되직하게 만든다.
5. 절인 오이는 물기를 가볍게 빼고 양파와 함께 준비한 양념장과 섞어 버무린다.

COOKING TIP 양념장을 만들 때 기호에 따라 조청 대신 꿀이나 레몬을 곁들여도 좋다.

오이양파무침

이뇨 작용에 좋은 오이

『본초강목』을 펼치면 오이는 이뇨 작용으로 요도를 이롭게 한다고 적혀있다. 그래서 한방에는 몸이 부었을 때 주로 쓴다. 오이는 혈액 및 근육 조직기관과 분비액을 구성하는 물질인 칼륨을 14mg 정도 함유한 알칼리성 식품이다. 또한 오이는 피부 미용에 가장 좋은 야채이다. 오이에 포함된 무기질 속의 칼륨이 체내에 들어가서 나트륨염을 많이 배출시켜 노폐물 제거에 탁월한 효과를 보이기 때문이다. 또 피부를 하얗게 하는 미백효과가 있을 뿐 아니라 감기 예방 효과도 크다. 그밖에 식중독이나 기타 해로운 물질을 먹었다고 생각될 때 오이 생즙을 복용하고, 고열에 의한 화상에는 오이를 병에 넣고 밀봉시켜 두었다가 그 물을 바르면 좋다.

두부톳나물무침

재료
두부 반모(200g), 톳나물 100g, 통마늘 반쪽, 가루간장 1작은술, 구운소금 1/2작은술, 깨소금 1/2큰술

이렇게 만들어요
1   톳나물을 끓는 물에 살짝 데친다.
2   데친 톳나물을 채에 받쳐 차가운 생수에 헹군 다음 먹기좋게 손으로 뗀다.
3   두부를 끓는 물에 넣고 금방 꺼낸다.
4   마른 거즈로 두부의 물기를 뺀 후 으깬다.
5   톳나물과 으깬 두부에 구운소금, 깨소금, 마늘, 가루간장을 넣고 무친다.

무생채무침

재료

무 500g, 실파 5뿌리, 레몬 1/2큰술, 꿀 1/2큰술, 구운소금 2$_{1/2}$작은술, 깨소금 1/2큰술, 다진 마늘 1작은술, 고춧가루 1작은술

이렇게 만들어요

1 무를 곱게 채를 친다.
2 고운 고춧가루를 넣고 무쳐서 분홍색으로 색을 낸다
3 적당량의 다진 마늘, 꿀, 레몬, 잘게 썬 실파, 깨소금, 구운소금을 넣고 무친다.

풋고추쌈장무침

재료
풋고추 7~8개, 자연식 쌈장 2큰술(불린 메주콩 175g, 생수 2컵(한 컵 기준 250cc), 양파 30g, 마늘 반쪽, 고추장 1큰술, 가루간장 1큰술, 조청 1큰술, 깨소금 1작은술, 야채국물 2큰술)

이렇게 만들어요
1. 풋고추는 꼭지를 뗀 후 깨끗하게 씻는다.
2. 자연식 쌈장을 풋고추에 골고루 무친다.

신경통 치료에 탁월한 고추

고추의 매운 맛은 입안과 위를 자극하여 체액의 분비를 촉진시키는 작용을 하고, 식욕을 증진, 혈액의 순환을 촉진시켜준다. 그러나 너무 많이 먹으면 위장을 자극하여 설사를 유발하기도 한다. 특히 빨간 고추를 다듬고 남은 고추씨는 후라이팬에 올리브기름을 넣어 적당히 볶고 나서 가루를 만들어 국이나 찌개요리에 가미하면 맛이 좋다. 고추는 비닐봉투에 잘 담아서 밀폐시킨 후 그늘진 곳에 보관하고, 너무 오래되면 색이 검게 변하므로 바로 빻은 후 냉장보관하면 좋다.

파래무침

재료

파래 30g, 실파 2뿌리, 깨소금 1큰술, 다진 마늘 1/2작은술, 가루간장 1작은술, 구운소금 1/2작은술

이렇게 만들어요

1. 파래를 여러 번 주무르듯 씻어서 채에 받쳐 손으로 물기를 짠다.
2. 파래를 적당한 크기로 자른다.
3. 가루간장, 구운소금, 다진 마늘, 잘게 썬 실파, 깨소금을 넣고 파래와 함께 무친다.

담배의 독소를 제거시키는 파래

비타민과 무기질이 풍부한 해초류에는 두뇌활동을 활발하게 해주는 성분이 들어있고 피를 맑게 해주는 효능이 있다. 각종 미네랄과 비타민이 풍부하여 지성피부나 알레르기성 피부에도 좋은 해초류는 미역, 김, 파래, 톳나물 등이 있다. 특히 담배의 니코틴을 중화시키고 손상된 폐 점막을 재생, 보호하여 폐암을 예방하는 효과가 탁월한 파래에는 독성을 제거하는 비타민 A가 김의 3배 이상 들어있다. 또, 아르긴산과 요오드, 칼륨 등의 미네랄이 풍부하고 식물성 섬유질도 풍부해서 신진대사를 촉진한다. 철분 함유량도 많아서 빈혈에도 좋고 성장기 아이들, 피부습진이나 화상에도 아주 좋다. 파래는 10월에서 12월 사이 채취되는 것이 맛도 좋고 영양가도 풍부하다. 무엇보다 파래의 독특한 맛 성분인 메틸메티오닌이 위궤양이나 십이지궤양을 예방, 진정시켜 주는 작용을 하여 소화기관에 중요한 치료효과가 있다.

도토리묵무침

재료
도토리묵 300g, 오이 20g, 미나리 5g, 쑥갓 5g, 실파 2뿌리, 김 1장, 자연식 양념간장 2큰술

이렇게 만들어요
1 묵은 1cm 간격으로 길게 썬다.
2 오이는 묵 길이로 어슷썰고, 미나리는 3~4cm 크기로 자른다.
3 김은 구워서 잘게 부순다.
4 묵을 접시에 깔고, 오이, 미나리, 잘게 썬 실파, 쑥갓을 묵 위에 얹는다.
5 먹기 직전에 자연식 양념간장을 넣고 버무린 후 김을 얹어서 마무리한다.

담음에 좋은 쑥갓

담음은 소화기 계통에서 발견되는 수음으로 명치 밑에서 진수음이 들리며, 멀건 침을 게우고 어지러우며, 가슴이 두근거리고 숨이 차며, 입맛이 없고, 몸이 여윈다. 쑥갓은 위 내용물의 흐름과 흡수를 촉진시켜서 담음을 해소하여 장위(腸胃)를 이롭게 한다. 잎의 섬유질 성분도 장의 연동 작용을 향상시켜 배변에 도움을 준다. 또한, 쑥갓은 기혈을 보호해 혈액순환이 잘되게 한다. 따라서 냉증에 효과가 있으며 소화기를 활성화시켜서 위를 건강하게 한다.

자연식 무침 87

실파김무침

재료
김 5장, 실파 5뿌리, 가루간장 1/2큰술, 올리브기름 1/2큰술, 조청 1/2큰술, 깨소금 1/2 작은술

이렇게 만들어요
1 김을 파란빛이 돌도록 구워서 손으로 큼직하게 찢는다.
2 실파를 3~4cm 정도 크기로 썬다.
3 가루간장, 조청, 깨소금, 김, 실파와 함께 섞어 버무려 무친다.

약리작용에 우수한 파

파에는 많은 양의 아미노산이 들어있어 체내의 지방을 분해하고 피로회복, 정신력 증강, 뇌졸중 예방, 혈액순환에 좋은 효과가 있다. 파의 유용한 성분들이 체내에 들어가면 비타민B1의 혈중농도를 높이므로 비타민B1이 많이 함유된 식품과 함께 먹으면 각기병을 예방한다. 또한, 파는 사람의 위장 기능을 원활하고 따뜻하게 해주고 감기를 예방하며 불면증에 좋은 식품이다.

우묵가사리무침

재료

우묵가사리 300g, 오이 20g, 홍고추 반개, 다진 마늘 1작은술, 구운소금 2작은술, 레몬즙 1/2큰술, 깨소금 1/2큰술

이렇게 만들어요

1. 우묵가사리는 곱게 채를 썬다.
2. 오이는 채를 썰고, 홍고추는 잘게 다진다.
3. 썰어놓은 야채에 다진 마늘, 구운소금, 레몬즙을 넣고 버무린다.
4. 깨소금을 살짝 뿌린다.

cooking 5
기름이 쫘악 빠진

자연식 전

칼에 의해서 죽은 사람보다는
과식과 과음에 의해서 죽은 사람들이 더 많다.
- 윌리엄 로슬러

올리브기름 약간과 구운소금으로 간을 한 자연식 전은 담백한 맛이 일품이다. 특히 통밀가루나 현미찹쌀가루를 적당량 사용하여 만들어서 영양을 보강하고, 출출한 속을 충분히 달래주는 역할을 한다. 열량이 낮아 다이어트 식품으로도 권할 만하다.

감자고구마찹쌀전

재료

고구마 100g, 감자 100g, 현미찹쌀가루 50g,
구운소금 1/2작은술,
올리브기름 약간

이렇게 만들어요

1. 감자와 고구마는 껍질을 깐 후 0.5cm 간격으로 원형 자르기를 한다.
2. 구운소금을 원형으로 잘라놓은 감자와 고구마 위에 살짝 뿌린다.
3. 2를 현미찹쌀가루에 엷게 무친다.
4. 후라이팬에 올리브기름을 살짝 두르고 노릇하게 구워낸다.

COOKING TIP 뱃속을 든든하게 소화기관을 튼튼하게 하는 감자는 아침식사 전, 위가 비어있을 때 먹으면 좋고 만성변비 치료에도 탁월하다.

팽이버섯전

재료
팽이버섯 200g, 부추 5g, 당근 20g, 통밀가루 40g, 전분 10g, 구운소금 1작은술, 올리브기름 약간

이렇게 만들어요
1. 팽이버섯 밑둥을 잘라낸 후 송송 썬다.
2. 당근, 부추를 팽이버섯 크기와 같이 썬다.
3. 통밀가루와 전분에 구운소금을 넣고 묽게 갠다.
4. 팽이버섯, 당근, 부추를 3에 넣고 반죽한다.
5. 개운 반죽을 한 숟가락씩 떠서 달군 팬에 올리브기름을 두르고 구워낸다.

항암 효과에 좋은 팽이버섯

팽이버섯은 항종양(암) 및 항바이러스, 콜레스테롤 저하작용(고혈압방지), 피부미용에 효과가 있다. 각종 아미노산과 비타민이 많이 함유되어 있어 혈압을 조절하고 면역력을 높이며 암과 성인병 예방에 효과가 탁월하다. 특히 팽이버섯을 자주 먹는 사람의 경우 식도암, 위암, 췌장암 발생률이 일반인의 반 이하로 낮은 것으로 밝혀졌다.

늙은 호박전

재료

늙은 호박 200g, 구운소금 1/2 작은술, 고구마전분 40g, 올리브기름 약간

이렇게 만들어요

1 늙은 호박의 껍질을 벗긴 후 곱게 채를 썬다.
2 구운소금을 약 5분 정도 살짝 뿌려둔다.
3 고구마전분을 넣어 늙은 호박과 버무려준다.
4 후라이팬에 올리브기름을 두르고 버무린 호박을 젓가락으로 조금 떠서 구워낸다.

두부완자전

재료

두부 반모(약 200g), 당근 10g, 베지버거 100g, 말린 표고버섯 10g, 실파 1뿌리, 통마늘 1쪽, 풋고추 1개(약 15g), 홍고추 1개(약 15g), 전분 2큰술, 올리브기름 약간

이렇게 만들어요

1. 두부는 물기를 빼서 으깬다.
2. 베지버거, 당근, 말린 표고버섯, 풋고추, 홍고추, 실파를 잘게 다진다.
3. 1, 2번 재료에 전분을 섞어서 둥글넓적하게 빚는다.
4. 후라이팬에 올리브기름을 두르고 부쳐낸다.

두부전

재료

두부 반모(약 200g), 통밀가루 2큰술, 전분 1큰술, 치자물 5큰술, 부추 2뿌리, 구운소금 1/2 작은술, 올리브기름 약간

이렇게 만들어요

1. 두부를 반으로 자른 다음 다시 1cm 간격으로 자른다.
2. 썰어놓은 두부 위에 구운소금을 살짝 뿌린다.
3. 치자물에 통밀가루와 전분을 3 : 1 비율로 넣는다.
4. 실파를 송송 썰어서 **3번** 재료와 섞는다.
5. 준비한 반죽물에 두부를 적셔서 달군 팬에 올리브기름을 살짝 두르고 구워낸다.

합병증을 예방하는 두부

두부는 체내의 신진대사와 성장발육에 꼭 필요한 아미노산, 칼슘, 철분 등 무기질이 다량으로 함유되어 있는 단백질 식품이다. 콩 단백질인 글리시닌과 알부민 등을 응고시켜 만든 두부의 소화율은 콩의 소화율 65%보다 높은 95%에 달한다. 그래서 콜레스테롤 증가로 합병증이 우려되는 당뇨병 환자들에게 적극 권할 만하며, 두부의 원료인 콩의 성분 덕분에 항암, 골다공증 예방, 고혈압 예방, 콜레스테롤 감소 등의 효능을 기대할 수 있다. 또한 뛰어난 소화흡수율에도 불구하고 열량이 낮아 다이어트 식품으로 아주 좋다.

느타리버섯전

재료

느타리버섯 60g, 통밀가루 20g, 치자물 3큰술, 구운소금 1작은술, 올리브기름 약간

이렇게 만들어요

1. 느타리버섯을 깨끗이 씻은 후 반으로 살짝 쪼개듯이 갈라서 옆으로 펴준다.
2. 쪼갠 느타리버섯 위에 구운소금 1/2작은술을 뿌린다.
3. 치자를 반으로 쪼갠 후 생수에 담궈 진한 노란색이 돌 때까지 우려낸다.
4. 우려낸 치자물에 통밀가루와 구운소금 1/2작은술을 넣고 반죽물을 만든다.
5. 반죽물에 느타리를 담군 다음 올리브기름을 두르고 구워낸다.

cooking 6

영양높은 밑반찬

자연식 조림

> 음식을 조심해야 합니다. 과식을 함으로써
> 몸에 병이 생기는 것입니다. 음식을 먹고
> 자리에서 일어나면서 조금만 더 먹었으면 싶을 때가
> 가장 조심해야 할 때입니다.
> - 톨스토이

가루간장과 적당량의 고춧가루, 다진 마늘,
실파 등을 섞어 양념장을 만든 후 조림요리에 사용한다.
특히 자연식 조림요리에는 야채국물을 적당량 넣어
은근한 불에서 조리면 맛이 훨씬 부드럽고 좋다.

검정콩조림

재료

검정콩 120g, 조청 3큰술, 가루간장 1큰술, 생수 2컵(한 컵 기준 250cc)

이렇게 만들어요

1 검정콩은 깨끗이 씻어서 생수를 붓는다.
2 검정콩을 약 30분 정도 삶는다.
3 조청, 가루간장을 넣고 약한 불에서 윤기나게 조린다.

두부조림

재료

두부 한모(약 200g), 고춧가루 1큰술, 가루간장 1큰술, 다진 마늘 1작은술, 실파 1뿌리, 깨소금 1/2큰술, 올리브기름 1큰술, 야채국물 5큰술

이렇게 만들어요

1. 두부를 세로로 1cm 간격으로 길게 자른다.
2. 후라이팬에 올리브기름을 두르고 두부를 노릇하게 굽는다.
3. 야채국물, 가루간장, 고춧가루, 다진 마늘, 잘게 썬 실파, 깨소금을 섞어서 양념장을 만든다.
4. 두부에 양념장을 바르고 뚜껑을 덮어 살짝 김을 올려서 재빨리 불을 끄고 바로 뚜껑을 연다.

두부조림

재료

두부 한모(약 200g), 고춧가루 1큰술, 가루간장 1큰술, 다진 마늘 1작은술, 실파 1뿌리, 깨소금 1/2큰술, 올리브기름 1큰술, 야채국물 5큰술

이렇게 만들어요

1. 두부를 세로로 1cm 간격으로 길게 자른다.
2. 후라이팬에 올리브기름을 두르고 두부를 노릇하게 굽는다.
3. 야채국물, 가루간장, 고춧가루, 다진 마늘, 잘게 썬 실파, 깨소금을 섞어서 양념장을 만든다.
4. 두부에 양념장을 바르고 뚜껑을 덮어 살짝 김을 올려서 재빨리 불을 끄고 바로 뚜껑을 연다.

버섯기둥장조림

재료
말린 표고버섯기둥 30g, 껍질 깐 은행 10알, 통마늘 3쪽, 조청 2큰술, 가루간장 1큰술, 생수 1/4 컵(한 컵 기준 250cc), 야채국물 2컵(한 컵 기준 250cc)

이렇게 만들어요
1 찢어서 말린 표고버섯기둥에 야채국물을 넣고 푹 삶는다.
2 조청, 가루간장, 은행, 통마늘을 넣고 약한 불로 윤기나게 조려 깨소금을 뿌린다.

면역력을 강화시키는 표고버섯

예로부터 표고버섯은 불로장생의 명약이라 일려졌을 만큼 영양이 풍부하다. 『동의보감』과 『본초강목』에는 '기를 강하게 하고 허기를 느끼지 않게 하여 풍을 고치고 혈액순환을 돕는다.'고 기록하고 있다.
표고버섯은 구아닐산이 다른 버섯에 비해 많은데, 구아닐산은 콜레스테롤 수치를 낮추는 성질이 있어 고혈압과 심장병 환자들에게 좋다. 또한 표고버섯에 들어있는 레티난은 강력한 항암 물질로 면역 체계를 활성화한다. 따라서 암뿐만 아니라 감기 같은 바이러스 질병과 고혈압, 당뇨에도 효과가 있다.
표고버섯은 각종 무기질과 비타민이 풍부하여, 이 섬유소가 위와 소장을 도와서 비만증, 당뇨병, 심장병, 간장 질환에 효과가 좋고 면역력을 강화시킨다. 표고버섯 속에 함유된 인터페론이라는 물질은 바이러스 증식을 억제시켜 주는 작용을 하여 암과 만성 바이러스성 간염치료에 효과적이다. 부패한 음식물의 섭취로 인해 장에 염증이 생긴 결과, 설사를 유발할 경우에는 표고버섯을 생수에 함께 달여서 흑설탕을 넣고 식전으로 마시면 좋은 효과가 있다.

땅콩조림

재료
생땅콩 150g, 가루간장 1큰술, 조청 3큰술, 생수 1컵(한 컵 기준 250cc)

이렇게 만들어요
1 생땅콩은 깨끗이 씻어서 생수를 붓는다.
2 땅콩을 20분 정도 삶는다.
3 가루간장과 조청을 넣고 약한 불에서 윤기나게 조린다.

고혈압에 좋은 땅콩

땅콩은 단백질과 지방 성분이 많이 들어있는 스태미너 식품이다. 땅콩 속에는 불포화지방산의 함량이 많으며 특히 불포화지방산 중 리놀산과 아라키돈산은 고혈압의 원인이 되는 혈청 콜레스테롤 수치를 저하시킨다. 땅콩은 당뇨병 환자의 영영간식으로 하루에 10g씩 섭취하면 좋다. 하루에 땅콩을 10개 정도 먹으면 노화 방지에 도움이 된다.

무조림

재료

무 320g, 양파 1개, 가루간장 1/2큰술, 고춧가루 1큰술, 조청 2큰술, 다진 마늘 1큰술, 야채국물 1컵(한 컵 기준 250cc)

이렇게 만들어요

1. 무를 깨끗이 씻어 1cm 굵기의 원통 모양으로 자른다.
2. 준비한 양파 중에서 절반만 먼저 다진다.
3. 야채국물, 가루간장, 조청, 다진 마늘, 양파를 넣어 양념장을 만든다.
4. 무가 타지 않도록 남은 양파를 원통 모양으로 잘라서 냄비 밑에 깐다.
5. 무를 양파 위에 얹고 양념장을 끼얹어 약한 불에서 무가 푹 익도록 조린다.

비타민C가 풍부한 무

무는 비타민C가 풍부하다. 속보다 껍질에 비타민C가 더 많이 들어 있으므로, 껍질을 벗겨내지 말고 깨끗이 씻어 먹는 것이 좋다. 껍질을 벗기지 않고 간 생즙은 괴혈병 예방, 발열이나 숙취에도 유용하다. 무에는 아밀라아제라는 효소가 많아서 체내에서 생기는 해로운 물질을 산소로 분해하는 중요한 생리작용을 한다. 또한, 탄수화물의 소화를 돕는 전분 분해효소인 아밀라아제를 포함하고 있어 속쓰림, 위산과다, 속이 더부룩할 때 먹으면 증상을 완화시킬 수 있다.

무의 매운 성분은 각종 유기성 유황을 함유한 화합체로 배변 작용이 있다. 가래가 끊이지 않을 때 물엿에 무즙을 섞어 체온의 온도로 해서 음복한다. 목이 쉬었을 때는 무즙에 생강즙을 약간 섞어 마신다. 그밖에 두통이나 편도선염에도 좋다. 무는 다이어트 식품으로 충분하며 무기질이나 단백질, 비타민, 식이섬유가 많으므로 비만을 해소하거나 변비를 예방하는 식품이다.

우엉조림

재료

우엉 180g, 조청 2큰술, 가루간장 1큰술, 통깨 1/2작은술, 생수 1/4컵(한 컵 기준 250cc)

이렇게 만들어요

1 우엉을 0.5cm 길이대로 자른다. 우엉은 자름과 동시에 색이 변하므로 재빨리 조리해야 한다.
2 우엉에 생수를 넣고 익을 정도로 삶는다.
3 삶은 우엉에 조청과 가루간장을 넣고 윤기나게 조려서 통깨를 뿌린다.

뇌를 튼튼하게 하는 우엉

우엉은 힘을 좋게 하고 뇌를 튼튼하게 한다. 우엉의 섬유는 장을 자극해서 소화를 촉진시키고, 노폐물을 배출시키는 작용을 한다. 철분도 많아서 조혈하는 능력도 있고, 빈혈방지나 미용에도 중요한 식품이다. 또 우엉즙은 복통이나 맹장 치료에 도움을 준다. 맹장일 경우 우엉을 껍질째 갈아서 짠 즙을 마시면 맹장의 염증을 고칠 수 있다. 특히, 우엉의 껍질에 좋은 맛이 있으므로 껍질째 조리하는 것이 좋다.

cooking 7 # 노릿노릿

자연식 구이

> 포식췌행(飽食贅行)은 만물이 꺼려하는 것이다.
> 그것은 만물에게 암을 유발시키는 사태인 것이다.
> 우리는 암(癌)적으로 살아가기 때문에 암에 걸리게 되는 것이다.
> 암은 암의 약이 해결해야 할 문제가 아니다.
> 그것은 바로 우리 실존의 책임이다.
> — 도올 김용옥

자연식 고추장, 조청, 가루간장 등으로
양념장을 만들어 먹는 자연식 구이는
스태미너 음식으로 아주 좋다.
더덕, 각종 버섯 등을 담백하게 구워낸 후
양념장을 끼얹어 먹으면 된다.

새송이버섯 양념소금구이

재료
새송이버섯 2개(180g), 야채국물 3큰술, 가루간장 1큰술, 마늘 1작은술, 실파 1뿌리, 흑임자 1작은술, 깨소금 1작은술, 올리브기름 약간

이렇게 만들어요
1 야채국물에 가루간장과 마늘, 실파를 잘게 썰어 넣는다.
2 흑임자, 깨소금을 섞은 후 1에 넣어서 양념장을 만든다.
3 새송이버섯은 결을 따라 세로로 얇게 썬다.
4 팬을 달군 다음 새송이버섯을 노릇하게 구워낸다.
5 구운 새송이버섯을 접시에 담고 가운데 부분에 양념장을 얹는다.

민간요법에 탁월한 새송이버섯

새송이버섯은 포자가 적고, 저장기간이 긴 특성 때문에 일반 느타리버섯과 구별된다. 장에 노움을 주고, 미용 효과에 탁월하여 애칭으로 '느타리의 왕'이라고도 불린다. 요통치료, 항종양 및 적혈구 용혈작용, 항바이러스 작용, 저혈압, 알레르기 억제작용 등 민간요법에 탁월하다. 비타민C가 느타리버섯의 7배, 팽이버섯의 10배가 함유되어 있고, 칼슘과 철 등의 신진대사를 원활하게 도와주는 무기질이 다른 버섯들보다 많은 편이다.

노란고구마 오븐구이

재료
통밀가루 1큰술, 생수 1/2컵(한 컵 기준 250cc), 통밀빵가루 1컵, 노란고구마 400g

이렇게 만들어요
1. 노란고구마는 껍질을 미리 깎아서 1cm 두께로 썬다.
2. 생수에 통밀가루를 섞는다.
3. 썰어놓은 고구마를 통밀가루물에 적셔서 통밀빵가루에 묻힌다.
4. 180℃ 오븐에서 15분간 구워낸다.

변비 예방에 좋은 고구마

고구마는 위장을 튼튼하게 해주는 일등공신이다. 식물성 섬유가 많이 들어있는 고구마는 수분함량이 많고 배설을 촉진시키는 야라핀이라는 성분이 들어있어서 변비 예방에 아주 좋다. 익혀 먹으면 소화흡수가 잘 되고, 칼륨 성분이 많아 혈압을 조절해 주고, 노화를 막는 비타민 E가 풍부하여 피부미용에도 효과적이다.

새송이버섯 양념불고기구이

재료
새송이버섯 2개, 자연식 고추장 1큰술, 조청 1큰술, 굵은 고춧가루 1/2큰술, 가루간장 1/2큰술, 올리브기름 1큰술, 마늘 1작은술, 실파 1뿌리, 통깨 1작은술

이렇게 만들어요
1 자연식 고추장, 가루간장, 고춧가루, 마늘, 올리브기름, 조청, 통깨를 섞는다.
2 실파를 잘게 썰어서 1의 재료와 함께 섞어 양념장을 만든다.
3 새송이버섯은 결을 따라 세로로 길게 썬다.
4 새송이버섯 위에 양념장을 솔로 펴서 바른다.
5 양념된 새송이버섯을 오븐에 180℃ 온도로 10분간 구워낸다.

더덕 고추장구이

재료

더덕 2뿌리(약 60g), 구운소금 약간, 찹쌀가루 1/2컵(한 컵 기준 250cc), 양념장(자연식 고추장 1큰술, 가루간장 1/2큰술, 조청 1큰술, 실파 1뿌리, 통깨 1작은술), 올리브기름 약간

이렇게 만들어요

1. 양념장 재료를 섞어서 양념장을 만든다.
2. 더덕을 세로로 얇게 썰어서 구운소금에 살짝 재운다.
3. 재운 더덕을 방망이로 가볍게 두드린다.
4. 3의 더덕을 현미찹쌀가루에 가볍게 무친다.
5. 팬을 달군 후 올리브기름을 두르고 더덕을 중불에 굽는다.
6. 구운 더덕 위에 양념장을 붓으로 골고루 발라준다.

cooking 8

쫄깃쫄깃
자연식 밀고기

사람으로 하여금 생명력을 충실하게 하여 주며
위를 튼튼하게 하면 적이 저절로 소멸된다.
더욱이 육식 등의 진미와 색욕을 삼가고 성을 내지 말고
생각을 바르게 하는 것이 만전(萬全)하면서도
무해한 방법이 아닐까 한다.
- 동의보감

자연식에서 육류 대용으로 만드는 자연식 밀고기는
영양가도 높고 쫄깃쫄깃한 맛이 고기보다 더 좋다.
호두, 대두콩, 흰깨, 흑임자 등 몸에 좋은 영양식품을 믹서한 후
붉은 빛이 도는 비트도 믹서하여 모든 재료들을
글루텐가루에 반죽하면 밀고기가 완성된다.

쫄깃쫄깃 밀고기 만들기

먼저 밀고기를 만들 기본 재료들을 선택하세요.

  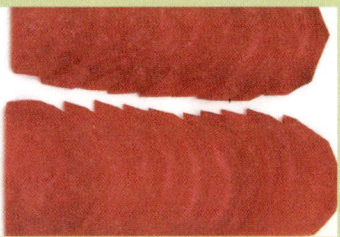

밀고기 반죽 재료들

캐슈넛, 호두와 흑임자, 흰깨는 깨끗하게 씻어서 물기를 빼놓으세요.
대두콩을 씻어서 불리세요.
글루텐가루를 적당량 준비하고, 비트는 믹서에 갈기 좋게 썰어 놓아요.
깨끗한 생수를 적당량 준비하세요.

자, 이제 밀고기를 만들어볼까요?

1. 흑임자를 믹서기에 갈아요.
2. 호두를 믹서기에 갈아요.
3. 흰깨를 믹서기에 갈아요.
4. 불린 대두콩을 믹서기에 갈아요. 그리고 양파도 적당히 갈아두세요.
5. 썰어놓은 비트를 믹서기에 곱게 갈아요. 붉은 색깔이 아주 예쁘죠?

6 믹서기에 잘 갈아놓은 흑임자, 캐슈넛, 호두, 흰깨, 불린 대두콩을 글루텐가루와 잘 섞고 곱게 갈아둔 비트를 붓고 반죽해요.

짜자잔! 드디어 완성된 밀고기 반죽

잘 반죽된 밀고기의 선명한 붉은 빛이 참 예쁘죠? 이제 이 밀고기를 먹기 좋게 썰어서 굽고, 기호에 따라 양념 재료와 섞어 요리하면 맛있고 영양이 높은 밀고기가 완성된답니다.

밀고기 반죽을 냉동실에 보관해두고 필요할 때 조금씩 사용해도 된다.
냉동실에 보관하면 밀고기 색깔도 예쁘고 더 쫄깃하다.

불고기맛 밀고기

재료

캐슈넛 30g, 호두 30g, 불린 대두콩 30g, 흑임자 5g, 흰깨 5g, 비트 30g, 양파 50g, 생수 80cc, 글루텐가루 100g, 양념(가루간장 1 1/2큰술, 조청 1 1/2큰술, 마늘 1큰술, 올리브기름 1큰술), 고명(대파 50g, 양파 100g, 당근 50g, 표고버섯 40g)

이렇게 만들어요

1 밀고기 반죽 재료를 모두 넣고 곱게 갈아서 글루텐가루에 넣고 반죽한다.
2 반죽한 밀고기를 가로 4cm, 세로 6cm 길이로 만들어서 얇게 썬다.
3 달군 팬에 올리브기름을 두르고 밀고기를 굽는다
4 양념 재료를 모두 넣고 섞는다.
5 익힌 밀고기를 양념장에 무친다.
6 고명 재료를 넣고 한 번 더 볶아낸다.

COOKING TIP 기호에 따라서 올리브기름을 두른 팬에 밀고기를 굽거나, 김오른 찜통에 찌거나, 야채국물에 삶아서 요리한다.

닭강정맛 밀고기

재료

밀고기(생땅콩 50g, 불린 대두콩 30g, 생수 100cc, 잣 15g, 구운소금 1작은술, 글루텐가루 100g, 다진 땅콩 20g), 양념장(고추장 7큰술, 마늘 1/2큰술, 생강 1/2큰술, 매실 2큰술, 다진 땅콩 30g)

이렇게 만들어요

1. 글루텐가루와 다진 땅콩을 제외한 모든 재료를 믹서한다.
2. 글루텐가루를 넣고 반죽을 한다.
3. 적당히 믹서기에 간 땅콩을 반죽에 섞는다.
4. 반죽한 밀고기를 3.5cm 크기의 둥근 모양으로 떼서 익힌다.
5. 양념 재료를 모두 넣고 혼합한다.
6. 익힌 밀고기를 양념에 살짝 버무려서 다진 땅콩가루를 뿌린다.

소갈비찜맛 밀고기

재료

밀고기(불린 대두콩 30g, 흑임자 5g, 흰깨 5g, 비트 30g, 양파 50g, 생수 80cc, 호도 30g, 글루텐가루 100g), 밑간(가루간장 1작은술, 다진 마늘 1작은술, 다진 파 1/2큰술), 양념장(야채국물 10큰술, 양파 50g, 다진 마늘 1/2큰술, 가루간장 1큰술, 생강 1/2큰술, 조청 3큰술), 고명(당근 50g, 통마늘 5개, 밤 6개, 대추 6개, 표고버섯 2개, 인삼 1뿌리, 잣 1작은술), 우엉 100g, 아몬드 20g

이렇게 만들어요

1. 글루텐가루를 제외한 밀고기 재료를 믹서한다.
2. 믹서한 재료들에 글루텐가루를 넣고 반죽해서 밀고기를 만든다.
3. 밀고기 반죽에 밑간을 한다.
4. 우엉을 넓이 2.5cm, 길이 5cm로 잘라 밀고기를 말아서 익힌다.
5. 양념장이 끓을 때 밀고기를 넣고 끓이다가 고명을 얹고 한 번 더 윤기나게 조린다.

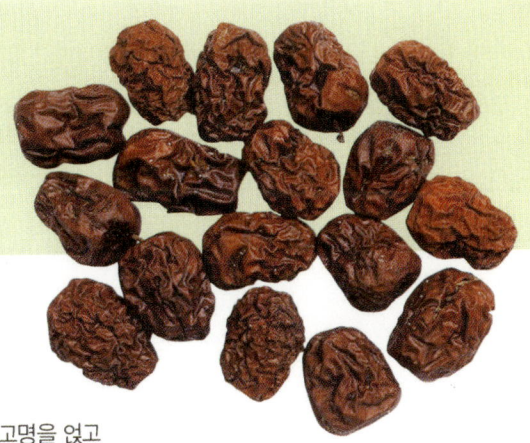

원기 회복하는 밤과 대추

밤은 원기를 보충하고 평소 식욕부진이나 기관지염이 있을 때 사용하면 효과가 있다. 특히 생밤은 차멀미로 메슥거릴 때 속을 달래준다. 밤의 과당에는 위장을 튼튼하게 해주는 성분이 들어있다. 장기간 복용하면 위장 기능이 활발해져 소화력이 왕성해진다. 또한 비타민과 단백질이 풍부하여 몸의 근력을 강하게 해줄 뿐만 아니라 갱년기 이후 약해진 정력을 보강해준다.

대추는 강장제로 소화기능을 돕고 원기를 회복시킨다. 오래 먹으면 몸이 가벼워지고 쇠약해진 내장에 기운이 돌며 노화를 막아준다. 또한 비위(비장과 위장, 즉 소화기)를 튼튼하게 하여 내장기능을 회복시킨다. 식욕부진이나 소화불량인 사람이 복용하면 속을 편하게 하며, 비장의 기운을 길러주고 위장의 기운을 북돋아서 식욕을 촉진시킨다. 또한, 대추에는 근육의 긴장을 풀어주는 작용뿐 아니라 염증을 가라앉히는 소염진통 작용도 있어 류머티즘이나 관절염 등에 효과가 있다.

밀고기 수육

재료

밀고기(글루텐가루 110g, 불린 대두콩 30g, 호도 15g, 잣 15g, 생수 80g), 흑임자 5g, 통깨 5g, 가루간장 1작은술, 아몬드 20g), 삶는 국물(야채국물 4컵(한 컵 기준당 250cc), 월계수 반잎, 양파 10g, 통마늘 2쪽, 대파 10g, 샐러리 10g, 가루간장 1작은술), 김치양념재료(현미찹쌀가루 10큰술, 가루간장 8큰술, 양념소금 2큰술, 버섯소금 1/2큰술, 조청 2큰술, 다진 마늘 3큰술, 고춧가루 1컵(한 컵 기준당 250cc), 실파 10뿌리(약 50g), 야채국물 반 컵(한 컵 기준 250cc)), 배 50g, 밤 50g, 미나리30g, 배추 1/4쪽, 양파 50g

이렇게 만들어요

1. 글루텐가루를 제외한 모든 재료를 믹서기에 넣고 곱게 간다.
2. 글루텐가루를 넣고 반죽한다.
3. 완성된 밀고기를 명주실로 감아준다.
4. 밀고기 삶을 국물 재료를 모두 넣고 끓인다.
5. 끓는 물에 밀고기를 10분간 센 불로 삶다가 약한 불로 조절해서 삶는다.
6. 야채국물에 현미찹쌀가루를 풀어서 죽을 끓이고, 고춧가루, 가루간장, 마늘, 파를 넣고 김치 양념장을 만든다.
7. 절인 배추에 배, 밤, 미나리 채친 것을 넣고 살짝 무친다.
8. 접시에 얇게 썬 밀고기와 배춧잎, 수육용 양념장을 놓는다.
9. 채를 친 배, 밤, 미나리를 양념장 위에 고명으로 올려놓는다.

닭고기맛 밀고기 꼬지

재료

밀고기(땅콩 50g, 불린 대두콩 30g, 생수 100cc, 캐슈넛 15g, 잣 15g, 구운소금 1작은술, 땅콩가루 20g, 글루텐가루 100g), 양념장(자연식 고추장 14큰술, 가루간장 1작은술, 꿀 2큰술, 월계수 반 잎, 매실즙 4큰술, 마늘 1큰술, 생강 1큰술)

이렇게 만들어요

1 닭고기맛 밀고기 꼬지에 들어갈 기본재료들을 준비해놓는다. 나무젓가락 28쪽, 땅콩, 불린 대두콩, 캐슈넛, 잣, 글루텐가루와 생수를 적당량 준비한다.
2 글루텐가루와 땅콩가루를 제외한 땅콩, 불린 대두콩, 캐슈넛, 잣을 믹서기에 간다.
3 글루텐가루에 믹서한 2의 재료들을 섞는다.
4 잘 반죽된 밀고기를 가로 1cm, 세로 15cm 길이로 잘라둔다.
5 미리 준비해 놓은 나무젓가락에 길이로 자른 밀고기 말아준다.
6 나무젓가락에 말아둔 밀고기들을 찜통에 10분간 찐 다음 양념장을 바르고 땅콩 가루를 뿌려준다.

장어맛 밀고기

재료

밀고기(콩햄 110g, 두부 130g, 아몬드 15g, 고춧가루 1/2큰술, 잣 35g, 생수 30cc, 글루텐가루 100g), 양념장(자연식 고추장 5큰술, 가루간장 1작은술, 다진 마늘 1작은술, 올리브기름 1큰술, 다진 파 30g), 깨소금 1작은술, 김밥용 김 2장을 가로 6cm, 세로 4cm 길이로 잘라서 준비

이렇게 만들어요

1. 글루텐가루를 제외한 모든 밀고기 재료를 믹서한다.
2. 글루텐가루를 넣고 반죽한다.
3. 밀고기를 가로 6cm, 세로 4cm, 두께 0.7cm 크기로 썬다.
4. 썰어놓은 밀고기 한 면에 김을 붙인다.
5. 후라이팬에 올리브기름을 두르고 밀고기를 구워낸다.
6. 양념장 재료를 모두 섞어서 양념장을 만든다.
7. 구워진 밀고기에 양념장을 앞뒤로 바르고 김붙인 부분이 위에 오도록해서 잣가루, 다진 잔파 송송 썰어 뿌려서 장식한다.

밀고기 김치말이

재료
불고기맛 밀고기 265g, 배추김치 반포기, 양념장(배 40g, 양파 40g, 다진 마늘 1큰술, 자연식 고추장 3큰술, 다진파 1큰술, 가루간장 1/2큰술, 고춧가루 1큰술)

이렇게 만들어요
1. 배와 양파를 강판에 갈아둔다.
2. 불고기맛 밀고기를 20분 정도 찜통에 찌다가 밀고기가 익으면 도톰하게 썰어서 갈아둔 배와 양파를 넣어 양념장에 무친다.
3. 접시에 배추김치 한 장을 깔고 익은 밀고기를 두 장 얹어 돌돌 만다. 기호에 따라 오이, 깻잎을 곁들여 싸면 더 맛있게 먹을 수 있다.
4. 완성된 밀고기 김치말이를 세로로 이등분한다

cooking 9

지글보글 지글보글

자연식 찌개

약보다 더한 보약은 바로 우리가 매일 먹는 음식 안에 있다.
음식을 알맞게 섭취하라. 그러면 그대는 건강할 것이다.
- 프랭클린

찌개 종류에 따라 자연식 쌈장, 삶은 메주콩,
자연식 밀고기, 양념불고기 등이 첨가된다.
모든 자연식 요리에 빠질 수 없는
야채국물로 물의 양을 조절하면서 끓여내면
시원하고 칼칼한 자연식 찌개가 완성된다.

무청찌개

재료

무청 480g, 아몬드 120g, 캐슈넛 80g, 메주콩 80g, 구운소금 1/2큰술, 가루간장 1큰술, 자연식 쌈장 2큰술, 다진 마늘 1큰술, 홍고추, 야채국물 2·1/2컵 (한 컵 기준 250cc)

이렇게 만들어요

1. 무청을 다듬어서 깨끗이 씻는다.
2. 끓는 물에 무청을 넣고 10분 정도 삶는다.
3. 무청을 먹기 좋은 크기로 큼직하게 잘라서 자연식 쌈장에 무친다.
4. 야채국물을 3에 넣고 끓인다.
5. 물이 끓으면 약한 불로 줄이고 20분 정도 더 끓인다.
6. 견과류(아몬드, 캐슈넛, 대두콩)를 곱게 갈아서 넣고 약한 불에서 10분 정도 더 끓인다. 싱거우면 구운소금으로 간을 한다.
7. 다진 마늘을 넣고 홍고추를 어슷썰기 해서 넣는다.

순두부찌개

재료

순두부 600g, 대파 1뿌리, 마늘 1쪽, 홍고추 1개, 가루간장 1작은술, 구운소금 1작은술, 느타리버섯 양념불고기 50g, 야채국물 1 1/2컵(한 컵 기준 250cc)

이렇게 만들어요

1 고추, 대파는 어슷썰고 마늘은 다져서 야채국물, 가루간장을 함께 넣고 양념장을 만든다.
2 순두부를 4등분으로 잘라서 냄비에 담는다.
3 느타리버섯 양념불고기를 두부 위에 얹는다.
4 양념장을 3의 재료 위에 얹는다.
5 야채국물에 구운소금으로 간을 한 뒤 4에 끼얹어서 끓인다.
6 홍고추, 대파를 넣고 마무리한다.

COOKING TIP 기호에 따라 실파를 넣어도 좋다.

버섯전골

재료

표고버섯 80g, 양송이버섯 50g, 느타리버섯 75g, 팽이버섯 75g, 양배추 50g, 대파 1뿌리, 쑥갓 10g, 무 70g, 두부 125g, 청고추 5g, 홍고추 5g, 감자 50g, 당면 25g, 콩나물 30g, 떡국 20g, 고춧가루 1½큰술, 다진 마늘 1/2큰술, 다진 실파 1큰술, 가루간장 2큰술, 야채국물 2컵(한 컵 기준 250cc)

이렇게 만들어요

1. 야채국물에 가루간장, 고춧가루, 마늘, 다진 실파를 넣고 다대기 양념처럼 적당히 되직하게 만든다.
2. 표고버섯, 새송이버섯, 양송이버섯은 반을 자른 후 결을 따라 자른다. 느타리버섯은 손으로 결을 따라 절반으로 찢는다.
3. 감자는 둥근 모양으로 자른다.
4. 콩나물은 깨끗이 씻어 다듬고, 양배추는 큼직하게 세로로 자른다.
5. 전골냄비에 콩나물, 양배추를 밑에 깔고, 그 위에 준비한 버섯들을 보기 좋게 순서대로 돌아가며 놓아둔다.
6. 당면과 감자를 버섯 위에 얹는다.
7. 썰어놓은 대파와 쑥갓, 홍고추, 청고추를 넣는다.
8. 1번에서 만들었던 양념장을 얹는다.
9. 야채국물에 가루간장을 넣고 끓인다.
10. 먹기 좋게 돌려 담은 전골냄비에 야채국물을 넣고 양념장을 끼얹어서 다시 끓인다.

자연식 찌개 147

감자탕찌개

재료

밀고기 320g, 감자 650g, 고구마 160g, 당근 140g, 표고버섯 180g, 생밤 8개, 대추 4개, 홍고추 2개(약 260g), 고춧가루 2큰술, 우거지 300g, 가루간장, 올리브기름 1/2큰술, 구운소금 1큰술, 다진 마늘, 야채국물 4컵(한 컵 기준 250cc)

이렇게 만들어요

1. 감자, 고구마, 당근을 큼직하게 썰어서 모서리를 둥글게 다듬는다.
2. 우거지는 송송 썰고, 청고추는 어슷썰기를 한다.
3. 표고버섯은 밑둥을 자르고 결을 원형 그대로 썬다.
4. 밤은 껍질을 벗기고 밀고기는 작은 크기로 어슷썬다.
5. 물이 끓으면 구운소금을 넣고 감자, 고구마를 삶아낸다
6. 당근도 5와 같은 방법으로 삶아낸다.
7. 올리브기름, 고춧가루를 넣고 밀고기를 볶는다.
8. 야채국물을 넣고 앞에서 만든 재료들을 모두 넣는다.
9. 구운소금으로 간을 해서, 건더기가 익을 때까지 끓인다.

된장찌개

재료

감자 30g, 대파 반뿌리, 청고추 반개, 홍고추 반개, 다진 마늘 1/2작은술, 두부 100g, 애호박 30g, 팽이버섯 20g, 삶은 메주콩 2큰술, 고춧가루 1작은술, 가루간장 1/2큰술, 야채국물 1컵(한 컵 기준 250cc)

이렇게 만들어요

1. 삶은 메주콩을 알갱이가 씹힐 정도로 찧는다.
2. 감자와 애호박을 반달 모양으로 썬다.
3. 청고추, 홍고추, 대파는 어슷썰기를 한다.
4. 팽이버섯은 먹기 좋게 떼어낸다.
5. 두부는 2cm 간격으로 깍두기 모양으로 썬다.
6. 뚝배기에 찧은 메주콩을 넣고 야채국물을 붓는다.
7. 감자, 두부, 애호박을 넣고 팔팔 끓을 때 가루간장으로 간을 한다.
8. 대파, 홍고추, 청고추, 팽이버섯을 넣고 마무리한다.

김치찌개

재료

김치 반포기, 콩햄 2개, 대파 반 뿌리, 통마늘 1쪽, 홍고추 1개, 고춧가루 25g, 양파 30g, 올리브기름 1/2큰술, 야채국물 1 1/2컵(한 컵 기준 250cc)

이렇게 만들어요

1. 대파와 고추는 큼직하게 어슷썰고, 양파는 채썬다.
2. 김치를 송송 썰어서 달군 팬에 올리브기름을 두르고 콩햄과 함께 볶는다.
3. 야채국물을 김치가 잠길 정도로 넣는다.
4. 물이 끓으면 약한 불에서 15분 정도 끓인 후 대파, 마늘, 양파, 청고추, 홍고추를 넣고 살짝 끓인다.

cooking 10

들들볶은

자연식 볶음

> 인간은 과일을 베어 물기 좋은 이와 곡식을 갈기 좋도록
> 어금니가 발달되어 있고, 반복해서 씹기 때문에
> 침샘이 발달되어 있으며, 위에서는 약간의 위산을 분비할 뿐이며,
> 육류 소화시 생기는 요산을 분해하는 효소가 분비되지 않는 점,
> 위와 십이지장이 있고, 장의 길이가 신장 길이의 12배나
> 되는 점을 볼 때 인간은 초식 동물에 가깝다.
> - 앨런 워커(생체해부학 박사)

야채국물에 각종 요리 재료들을 올리브기름 약간을 더하여 살짝 볶아낸다. 몸에 좋은 야채와 채소류를 기본으로 다진 마늘과 구운소금으로 간을 하는데, 그 맛이 느끼하지 않고 아주 담백하다.

애호박볶음

재료

애호박 180g, 양파 20g, 홍고추 2개, 구운소금 2작은술, 마늘 1/2작은술, 깨소금 1작은술, 야채국물 3큰술

이렇게 만들어요

1. 애호박을 반달 모양으로 어슷 썰어서 구운소금을 살짝 뿌려준다.
2. 양파는 채를 썰고, 홍고추는 어슷썰기를 한다.
3. 달군 팬에 야채국물을 먼저 넣는다.
4. 썰어놓은 야채와 함께 물기를 뺀 애호박, 구운소금, 다진 마늘을 넣고 살짝 볶는다.
5. 깨소금을 뿌려 마무리한다.

감자채볶음

재료

감자 150g, 양파 50g, 당근 20g, 올리브기름 1작은술, 구운소금 1작은술, 야채국물 2큰술

이렇게 만들어요

1. 감자, 양파, 당근은 껍질을 벗긴다.
2. 껍질 벗긴 감자, 양파, 당근을 얇게 채를 친다.
3. 감자는 차가운 물에 씻어서 물기를 뺀다.
4. 후라이팬에 올리브기름, 야채국물을 넣고 감자를 볶는다.
5. 감자가 익을 때쯤 양파, 당근을 볶는다.
6. 구운소금으로 간을 해서 한 번 더 살짝 볶는다.

느타리버섯볶음

재료

느타리버섯 120g, 양파 20g, 청고추 5g, 홍고추 5g, 구운소금 1작은술, 깨소금 1작은술, 다진 마늘 약간

이렇게 만들어요

1 느타리버섯을 끓는 물에 살짝 데쳐 물기를 뺀다.
2 느타리버섯을 결을 따라 세로로 찢는다.
3 양파는 채를 썰고 청고추, 홍고추는 어슷썰기를 한다.
4 후라이팬에 준비한 야채들과 함께 구운소금, 다진 마늘을 넣고 볶는다.
5 깨소금을 뿌려 마무리한다.

브로콜리볶음

재료
브로콜리 70g, 컬리플라워 100g, 삼색피망 35g, 양파 35g, 구운소금 1작은술, 올리브기름 1큰술, 생수 2컵(한 컵 기준 250cc)

이렇게 만들어요
1 생수를 끓이다가 구운소금을 넣고 브로콜리와 컬리플라워를 데쳐낸다.
2 데친 브로콜리와 컬리플라워를 차가운 물에 헹궈서 물기를 뺀다.
3 양파와 삼색피망을 가로 세로 2cm 크기로 자른다.
4 앞에서 준비한 모든 재료들에 올리브기름, 구운소금을 넣고 버무린다.

골다공증에 좋은 브로콜리

양배추의 일종인 브로콜리는 각종 무기질이 많아서 여성의 골다공증 예방에도 좋고 몸을 따뜻하게 한다. 또한 위암과 위궤양을 일으키는 박테리아를 파괴하는 성분이 들어있다는 사실이 밝혀졌다. 브로콜리에 들어있는 셀레늄은 항암, 항노화, 면역체계 강화, 어린이 성장발육은 물론 고혈압, 심장병 등 성인병 예방에 도움이 되는 영양소로 양배추, 곡류 등에도 들어있다.

cooking 11

아삭아삭 사각사각

자연식 김치

인간에게 가장 축복은 건강한 신체를 유지하는 것이다.
가장 건강한 위는 최량의 조미료이다.
– 영국속담

가장 과학적인 건강식품이라는 김치는 그 종류만도 셀 수 없이 많다. 자연식 김치는 젓갈류를 전혀 사용하지 않는 것이 특징이다. 야채국물에 고춧가루, 다진 마늘, 조청, 꿀, 깨소금, 가루간장, 배, 고추, 레몬즙 등으로 양념장을 만들어서 각종 김치재료에 버무려 먹는다.

배추김치

재료

배추 한포기(약 1500g), 굵은 소금 1½컵(한 컵 기준 250cc), 현미찹쌀가루 10큰술, 가루간장 8큰술, 양념소금 2큰술, 버섯소금 1/2큰술, 조청 2큰술, 마늘 3큰술, 고춧가루 한 컵, 배 50g, 실파 10뿌리(약 50g), 야채국물 반 컵

이렇게 만들어요

1. 배추 반쪽을 잘라서 흐르는 생수에 깨끗이 씻는다.
2. 배추 잎사귀 끝 사이 사이에 소금을 뿌린다.
3. 소금을 뿌린 배추를 2시간 30분 정도 절인다.
4. 현미찹쌀가루에 야채국물을 넣고 저어주면서 팔팔 끓인다.
5. 끓인 찹쌀풀에 가루간장, 양념소금, 버섯소금, 다진 마늘, 고춧가루, 조청, 갈은 배 순으로 섞으면

서 넣는다.
6 실파를 3~4cm 길이로 잘라서 넣는다.
7 소금간이 적당히 들어간 배추를 흐르는 물에 헹군 뒤 3시간 정도 채에 받쳐 물기를 뺀다.
8 김치 양념장을 배추 속에 넣는다.

건강과 장수 비결에 탁월한 배추

배추는 겨울철 김장용 채소로 많이 이용되고 있으며, 국 또는 찌개 등으로 많이 먹고 있는 식품이다. 배추는 수분이 95% 정도로 기타 엽채류와 같이 칼로리가 낮으며, 연백부에는 비타민A가 부족하기 때문에 녹색 잎을 너무 제거하면 안 된다. 배추는 김치를 담궈도 비타민을 보존하고 있으나 지나치게 뜨거운 불에 삶으면 비타민뿐만 아니라 영양소도 파괴된다.
배추 속에는 비타민C와 칼슘이 풍부해서 겨울철 비타민 공급으로도 우수한 영양소이다. 무엇보다 배추는 장기간 저장해도 영양손실이 거의 없어 싱싱한 자연식으로 섭취할 수 있고 섬유질이 많아 변비를 예방한다. 또, 여러 효소가 많이 함유되어 있어 소화를 돕고 독소를 내보내며 간기능 강화, 조혈 등을 돕는다. 감기의 예방과 치료에 효과가 있고, 피부가 깨끗하게 되며 여드름을 돕는다. 특히 배추 속에 들어있는 칼슘은 인체의 산성을 중화시키는 작용을 하고 있기 때문에 건강 장수를 돕는다.
김치의 주재료로 거의 이용되는 배추 등의 채소는 대장암 예방에 효과가 있고, 마늘은 위암을 예방하는 효과가 있다. 마늘은 강하고 매운 냄새 때문에 사람들이 먹기를 꺼리는 경향이 있지만 최근 마늘의 항암 효과가 발견되어 건강식품으로 조명되고 있다.
김치의 양념재료인 고춧가루에는 캡사이신이라는 성분이 들어있어 위액의 분비를 촉진하여 소화작용을 도와주며 비타민A와 비타민C의 함량이 많고, 마늘에 함유되어 있는 스코리지닌은 스태미너 증진효과가 있으며 아리신 성분은 비타민B1의 흡수를 촉진하며 생리대사를 활성화하는 효과를 가지고 있다.

깍두기

재료

무 170g, 구운소금 5큰술, 양파 50g, 배 20g, 마늘 1큰술, 고춧가루 5큰술, 조청 1큰술, 통깨 1큰술, 현미찹쌀가루 10큰술, 가루간장 8큰술, 양념소금 2큰술, 버섯소금 1/2큰술, 조청 2큰술, 마늘 3큰술, 고춧가루 1컵(한 컵 기준 250cc), 배 50g, 실파 10뿌리(약 50g), 야채국물 5큰술(한 컵 기준 250cc)

이렇게 만들어요

1 마른 잔털을 제거하고, 무청을 떼어낸다.
2 무청과 무를 흐르는 물에 깨끗이 씻는다.
3 무를 2cm 굵기로 원통으로 잘라서 깍두기 모양으로 썬다.
4 무청을 2cm 간격으로 썬다.
5 무청과 무에 구운소금을 골고루 뿌려서 30분 정도 재워둔다.
6 찹쌀가루에 야채국물을 넣고 저어주며 죽을 끓인다.
7 끓인 찹쌀풀에 가루간장, 양념소금, 버섯소금, 다진 마늘, 고춧가루, 조청, 갈은 배 순으로 섞으면서 넣는다.
8 실파를 3~4cm 길이로 잘라서 넣는다.
9 완성한 양념장을 넣고 무를 버무린다.

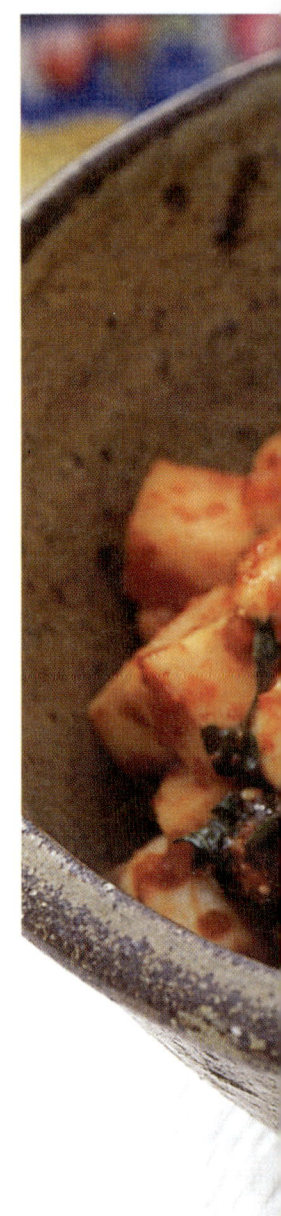

자연식 김치 **169**

총각김치

재료
무 650g, 구운소금 5큰술, 양파 50g, 배 20g, 고춧가루 5큰술, 마늘 3큰술, 조청 1큰술, 깨소금 1큰술

이렇게 만들어요
1 무를 약 30분 정도 구운소금을 뿌려서 절인다.
2 양파와 배를 갈고, 고춧가루, 마늘, 조청, 깨소금을 넣고 양념장을 만든다.
3 무를 건져서 양념장에 버무린다.

암 예방에 뛰어난 마늘

마늘은 이뇨, 강장의 효과가 있으며, 소화액의 분비를 촉진시켜 소화를 좋게 한다. 또, 신경계통을 자극하여 혈액순환, 스태미너, 미용식품으로 애용되고 있다. 끈끈해진 혈액을 깨끗하게 정화함으로써 성인병의 주범인 암이나 심장질환, 뇌혈관질환, 동맥경화 등을 예방하며, 피로회복, 정력증진 등의 효능이 있고 혈관내벽에 쌓이는 혈전을 감소시킨다. 또 해독, 살충 효과는 물론 종기와 부스럼을 없애주는 효과도 있다. 마늘의 경우 구워 먹어도 영양소가 파괴되지 않으므로 각종 요리에 양념으로 활용해 먹으면 좋다.

동치미

재료

무(약1500g), 구운소금 1컵(한 컵 기준 250cc), 생수 5컵(한 컵 기준 250cc), 청고추 2개, 홍고추 2개, 실파 3뿌리, 배 100g, 야콘 50g, 통마늘 5쪽

이렇게 만들어요

1. 무를 흐르는 생수에 깨끗이 씻어 뿌리에 있는 잔털을 제거한다.
2. 구운소금을 무에 골고루 뿌린 후 약 2시간 30분 정도 절여준다.
3. 무를 씻지 말고 건져서 생수를 붓는다.
4. 청고추, 홍고추, 실파, 통마늘을 그대로 넣는다.
5. 야콘은 껍질을 벗겨 이등분해서 넣는다.

얼갈이배추물김치

재료

구운소금 3 1/2큰술, 얼갈이배추 650g, 양파 250g, 감자 130g, 다진 마늘 1큰술, 실파 3뿌리, 홍고추 2개, 생수 3컵(한 컵 기준 250cc)

이렇게 만들어요

1. 얼갈이배추를 낱장으로 하나씩 떼서 흐르는 생수에 깨끗이 씻는다.
2. 구운소금을 골고루 뿌려서 약 35분~40분 정도 재워둔다.
3. 양파, 감자 껍질을 벗겨서 대충 썬 다음 다진 마늘, 붉은 고추, 생수를 붓고 곱게 간다.
4. 곱게 간 3에 실파와 절인 배추를 넣고 섞는다.
5. 양파는 채를 썰고, 홍고추는 어슷썰기를 해서 넣는다.

나박김치

재료

나박김치 400g, 당근 50g, 무 200g, 구운소금 1큰술, 양념소금 1/2큰술, 양파 100g, 배 100g, 실파 5뿌리, 고운 고춧가루 1/2큰술, 통마늘 2쪽, 생수 6컵(한 컵 기준 250cc)

이렇게 만들어요

1. 밑둥을 자르고 흐르는 생수에 깨끗이 씻는다.
2. 배춧잎은 2cm 정도로 썬다.
3. 무를 썰어놓은 배춧잎 크기와 같이 얇게 썬다.
4. 구운소금을 뿌려서 약 10분 정도 재운다.
5. 재운 배추에 고춧가루를 넣고, 생수를 붓는다.
6. 당근, 야콘, 배를 반달 모양으로 얇게 썬다. 양파는 곱게 채를 썬다. 실파는 3~4cm 크기로 자른다.
7. 잘라놓은 야채를 모두 섞고 다진 마늘을 넣는다.

소화흡수율이 높은 나박김치

김치의 한 종류로 나복저라고도 한다. 적은 양을 언제나 손쉽게 담글 수 있는 사철김치로 맛이 시원하여 봄김치로 좋다. 국수말이나 냉면 국물로도 많이 쓰이고, 자연식 면류와도 잘 어울리는 김치다. 나박김치는 기호에 따라 오이나 무를 같이 넣어 먹어도 좋은데 일반 음식물의 소화흡수율을 높여주는 효과가 있다.

상추겉절이

재료
상추, 쑥갓, 레몬즙 1/2 작은술, 가루간장 2작은술, 고춧가루 1작은술, 홍고추 반개, 실파 5뿌리, 야채국물 3큰술

이렇게 만들어요
1. 상추와 쑥갓은 뿌리를 다듬어서 흐르는 물에 깨끗이 씻는다.
2. 상추와 쑥갓을 섞는다.
3. 야채국물, 레몬즙, 가루간장, 고춧가루를 넣고 섞어서 양념장을 만든다.
4. 홍고추를 세로로 길게 썬다. 실파는 1cm 길이로 자른다.
5. 썰어놓은 홍고추, 실파를 양념장에 섞는다.
6. 상추와 쑥갓을 양념장에 가볍게 버무린다.

천연 수면제 상추

상추는 식욕을 돋우며 락튜카리룸이란 성분이 있어, 불면증인 사람에게 수면제 역할을 해준다. 상추에는 황달, 빈혈, 신경과민 등에 좋은 치료 효과가 있으며 치아를 희게 하는 효과도 있다.

자연식 김치 177

밭미나리겉절이

재료

밭미나리 50g, 레몬즙 1/2작은술, 통마늘 1쪽, 통깨 1큰술, 가루간장 1큰술, 야채국물 3큰술, 고춧가루 1큰술, 꿀 1큰술

이렇게 만들어요

1. 미나리를 다듬은 후 3~4cm 정도 크기로 자른다.
2. 야채국물, 가루간장, 고춧가루, 꿀, 레몬, 마늘, 통깨를 넣고 양념장을 만든 후 먹기 전에 버무린다.

냉증에 직효인 밭미나리

밭미나리에는 신체를 따뜻하게 하는 성분이 있어서 냉증이나 불면증, 감기에 좋다. 혈압강화, 해열, 설사, 변비 등에도 유효하다. 또한 밭미나리는 방광염, 다른 말로 소변임통에 좋다. 잎을 제거한 뒤 찧어서 즙을 낸 것을 생수에 타서 음복하면 효능이 크다. 또 요로결석, 즉 소변 출혈에도 큰 도움을 주는데 찧어서 짠 즙은 1일 6~7홉 정도 복용하면 좋다. 도즙 100cc를 찬물에 희석하여 따뜻할 때 수차례 음복한다. 몸에 이상신호가 오면 비뇨기과에서 결석의 크기와 형상, 그리고 결석의 위치 등에 관한 진단부터 먼저 받은 후 팥알 크기 이하인 경우에 한하여 복용을 한다.

깻잎겉절이

재료

깻잎, 야채국물 3큰술, 레몬즙 1/2큰술, 깨소금 1/2큰술, 가루간장 1큰술, 꿀 1큰술, 통마늘 반쪽, 삼색피망(약 15g), 당근 5g, 양파 5g

이렇게 만들어요

1. 깻잎을 깨끗하게 씻어서 채에 받쳐 물기를 뺀다.
2. 야채국물에 마늘, 가루간장을 넣고 섞는다.
3. 깨소금, 레몬, 꿀을 2에 넣고 양념장을 만든다.
4. 양파, 당근, 삼색피망을 채를 쳐서 양념장과 함께 섞는다.
5. 완성한 양념장을 깻잎 위에 끼얹는다.
6. 양념장을 바른 깻잎들을 차곡차곡 포개어둔다.

위장을 튼튼하게 하는 깻잎

우리가 식용으로 쓰는 깻잎은 임자엽이라는 들깻잎이다. 들깻잎은 칼륨, 칼슘, 철 등의 무기질이 많은 알칼리성 식품이다. 『본초강목』에는 들깻잎의 효능에 대해 냄새나는 것을 없애며 기가 치미는 것과 기침을 치료한다고 적혀있다. 또, 벌레에게 물렸을 때 짓찧어 붙이면 효과가 있고, 위장을 튼튼하게 해주고 이뇨작용과 약간의 발한 효과가 있다고 기록되어 있다. 깻잎은 상처를 치료하고, 세포를 재생시키며, 알레르기를 없애주고, 혈액을 맑게한다. 또한 위궤양에서 오는 출혈을 멎게 해주는 지혈작용과 항암효과까지 겸비하고 있다.

알타리무김치

재료

알타리무, 구운소금 5큰술, 양파 50g, 배추 20g, 고춧가루 5큰술, 마늘 3큰술, 조청 1큰술, 깨소금 1큰술

이렇게 만들어요

1. 알타리무를 다듬어서 깨끗이 씻는다.
2. 구운소금을 골고루 뿌려서 무를 약 50분~1시간 정도 절인다.
3. 양파와 배를 갈고, 고춧가루, 마늘, 조청, 깨소금을 넣고 양념장을 만든다.
4. 무를 건져서 양념장에 버무린다.

cooking 12

고슬고슬

자연식 밥

나는 병의 회복기를 즐긴다.
그것은 병의 가치를 알기 때문이다.
– G.B.쇼어

씹히는 맛이 있는 현미밥을 먹는다.
볶음밥, 김밥, 비빔밥 등에도 현미밥이 들어간다.
현미밥은 약간 거친 느낌이 있어 오랫동안 자주자주
씹어야 한다. 그러나 자꾸 씹으면 씹을수록
침샘분비를 원활하게 하여 우리 인체를 건강하게 한다.

유부초밥

재료

유부 10장, 우엉조림 12g, 당근 30g, 현미밥 250g, 흑임자 1작은술, 야채국물 3큰술, 레몬즙 1큰술, 꿀 1큰술, 가루간장 1작은술

이렇게 만들어요

1. 유부를 끓는 물에 약 1분간 삶아서 차가운 물에 여러 번 헹군 후 물기를 꼭 짠다.
2. 야채국물, 레몬, 꿀, 가루간장, 소금을 넣고 유부와 함께 약 3분 정도 국물이 없어질 때까지 조린다.
3. 당근, 우엉조림을 잘게 썰어 살짝 볶는다.
4. 준비한 현미밥에 당근, 우엉조림, 흑임자를 넣고 함께 섞는다.
5. 조린 유부 속에 **4**를 넣는다.

COOKING TIP 살짝 구운 김 위에 현미밥과 깻잎 한 장씩을 덮고, 콩햄, 당근, 오이, 무, 우엉조림을 7cm 크기로 잘라서 얹고, 자연식 치자소스를 끼얹어 한입 크기로 말면 색다른 LA 김밥이 된다.

자연식 밥 187

야채두부덮밥

재료

감자 100g, 당근 120g, 콩나물 400g, 말린 표고버섯 200g, 두부 반모(약 200g), 양파 200g, 땅콩가루 1/2작은술, 김 1장, 현미밥 200g, 구운소금 1/2작은술, 올리브기름 1큰술, 자연식 양념간장

이렇게 만들어요

1. 감자, 당근, 양파, 말린 표고버섯을 채를 친다.
2. 콩나물은 깨끗이 다듬는다.
3. 두부에 구운소금을 넣고 으깬다.
4. 접시 위에 양파, 표고버섯, 콩나물, 당근, 감자, 현미밥, 두부 순으로 평평하게 깔아서 180℃ 오븐에 약 10분 정도 굽는다.
5. 완성된 밥 위에 땅콩가루와 김가루를 뿌려서 자연식 양념간장에 비벼먹는다.

두부로 다이어트를……

두부는 칼로리가 낮고 풍부한 단백질 성분이 있어서 힘을 보강시켜주는 적당한 다이어트 식품이다. 또한 지방흡수율이 높고 두부의 칼슘은 뼈를 튼튼하게 해주면서 다이어트에 대한 스트레스도 해소시켜 준다.
다이어트를 할 경우에는 두부를 생으로 먹는 것이 좋으며, 한끼 식사 두부의 양은 반모 정도가 좋고, 일반두부와 순두부 등 종류를 바꾸어가며 먹으면서, 때에 따라 야채류와 섞어 샐러드를 만들어 먹어도 좋다.

돌솥비빔밥

재료

콩나물 400g, 도라지 120g, 고사리 200g, 당근 120g, 시금치 120g, 미역줄기 120g, 야채국물 5큰술, 현미밥 200g, 구운소금 2작은술, 다진 마늘 2작은술, 올리브기름 3큰술, 표고버섯, 가루간장 2큰술, 자연식 약고추장

이렇게 만들어요

1. 콩나물은 뿌리만 다듬어서 야채국물에 구운소금을 조금 넣고 한 소큼 김을 낸다.
2. 고사리는 끓는 물에 살짝 데친 후 마늘 1/2작은술과 함께 올리브기름 1/2작은술을 두르고 볶는다. 이때 가루간장 1큰술로 간을 한다.
3. 시금치는 끓는 물에 살짝 데친 후, 손으로 짜서 물기를 제거한다. 물기를 뺀 시금치에 구운소금 1/2작은술, 깨소금을 넣고 무친다.
4. 당근은 3~4cm 크기로 채를 곱게 썰어 구운소금 1/2작은술, 올리브기름 1/2작은술을 넣고 볶아낸다.
5. 미역줄기는 물에 약 30분 정도 담궜다가 손으로 물기를 짠다. 달군 팬에 마늘 1/2작은술과 올리브기름 1/2작은술을 넣고 볶는다.
6. 버섯은 가루간장 1큰술, 마늘 1/2큰술, 올리브기름 1/2작은술을 넣고 볶는다.
7. 도라지는 구운소금에 문질러서 씻은 후 올리브기름 1/2작은술, 마늘 1/2작은술을 넣고 볶는다.
8. 뚝배기에 올리브기름을 살짝 두르고 현미밥을 넣고 준비한 나물들을 올려놓는다.
9. 약한 불에 뚝배기를 올려놓고 한소큼 살짝 익힌다.
10. 먹을 때 자연식 약고추장을 곁들인다.

천식치료제 도라지

도라지는 진해거담과 해열 효과가 있어 예로부터 감기와 천식 치료에 빠지지 않는 재료다.

cooking 13
후룩 후루룩

자연식 국

'건강을 위해서만 산다'고 함은 대체로 값어치 없는
인생의 목적이다. 우리들은 '도대체 무엇 때문에 그토록 건강을
소중히 여기는 것인가?' 하고 반문하여 보지 않으면 안 된다.
- 힐터

콩햄 추어탕과 육개장은 든든한 건강식으로도 최고다.
콩햄과 시래기, 삶은 대두콩과 깻잎, 방아잎에 산초를 뿌려 먹는
콩햄 추어탕은 몸의 냉기를 보호해준다.

미역국

재료
마른 미역 20g, 들깨 3큰술(캐슈넛 30g, 아몬드 20g), 가루간장 1큰술, 구운소금 1/2작은술, 버섯소금 1작은술, 생수 1 1/2컵, 야채국물 5컵(한 컵 기준 250cc)

이렇게 만들어요
1 미역을 약 10분간 물에 불린 다음 먹기 좋은 크기로 자른다.
2 미역에 가루간장을 뿌린 후 골고루 무쳐서 약 5분 정도 놓아둔다.
3 야채국물에 미역을 넣고 구운소금과 버섯소금으로 간을 한다.
4 들깨, 캐슈넛, 아몬드 중 한 가지만 선택하여 생수 1 1/2컵 정도 넣고 갈아서 미역이 익을 때쯤 넣는다.(들깨, 캐슈넛, 아몬드를 모두 넣으면 소화가 잘 되지 않으므로 요리할 때마다 한 가지씩 재료를 바꿔서 선택한다.)

신장을 강화시키는 미역

미역은 영양소가 풍부한 강한 알칼리성 식품이며, 산후 회복에 좋고, 각종 성인병을 예방하는 우수한 식품이다. 특히 미역은 짠물에서 자라기 때문에 생수에 해당하는 신장을 강화한다. 신장의 기능이 좋아져야 힘이 좋아진다. 미역 속에 함유된 라미닌은 혈압을 내리는 효과가 있다. 또한 알긴산 성분은 식이성 섬유소로서 변비를 예방하고 원활하게 하는 작용을 한다. 미역은 미네랄 부족현상으로 인한 골다공증과 콜레스테롤 침착의 원인인 고혈압과 동맥경화증에 좋은 효과가 있다.

김국

재료
물김 60g, 다진 마늘 2작은술, 가루간장 2큰술, 느타리버섯 40g, 야채국물 3컵(한 컵 기준 250cc)

이렇게 만들어요
1. 물김을 깨끗이 씻어서 물기를 짠다.
2. 느타리버섯을 송송 썬다.
3. 김에 가루간장, 다진 마늘, 느타리버섯을 넣고 까만색이 돌 때까지 볶는다.
4. 야채국물을 넣고 끓인다.

COOKING TIP 겨울철에만 나는 물김을 구할 수 없을 경우, 마른 김이나 김밥용 김을 사용한다.

무기질이 풍부한 김

김은 단백질과 비타민A, B1, B2, C, D가 풍부하게 들어있고 칼슘, 칼륨, 인, 철 등의 무기질이 풍부한 알칼리성 식품이다. 김에는 아미노산의 시스틴과 탄수화물의 만닛 등이 다량 함유되어 있으므로 식욕을 돋우는 독특한 향기와 맛을 낸다. 김에 함유되어 있는 비타민A는 폐결핵이나 폐암환자의 치료에 효과적이며 김은 고혈압, 동맥경화, 심장질환 등의 합병증을 완화시킨다.

콩햄 추어탕

재료

콩햄 420g, 시래기 200g, 들깨 5큰술, 삶은 대두콩 60g, 고춧가루 4큰술, 풋고추 60g, 홍고추 60g, 대파 100g, 깻잎 12g, 방아잎 12g, 산초 1작은술, 다진 마늘 1큰술, 구운소금 2큰술, 생수 3컵(한 컵 기준 250cc)

이렇게 만들어요

1. 시래기를 삶아 차가운 생수에 여러 번 헹군 뒤 물기를 짠다.
2. 콩햄에 생수 한 컵을 넣고 알갱이가 엉길 정도로 간다.
3. 들깨, 고춧가루, 대두, 생수 1컵을 넣고 곱게 간다.
4. 갈아놓은 2번, 3번 재료를 섞는다.
5. 생수 2컵을 붓고, 시래기를 넣어 끓인다.
6. 고추를 반으로 잘라 씨를 빼고 잘게 다진다.
7. 구운소금으로 간을 한다.
8. 대파를 반으로 쪼개서 5cm 정도로 자른 뒤, 차가운 물에 파를 조물거리며 파의 물을 살짝 뺀다.
9. 깻잎과 방아잎을 적당한 크기로 썬다.
10. 국물이 끓으면 불을 끄고 깻잎과 방아잎, 다진 마늘을 넣고 섞는다.

COOKING TIP 기호에 따라 산초가루를 넣어 먹는다.

자연식 국 201

육개장

재료

콩나물 200g, 고사리 120g, 팽이버섯 200g, 대파 4뿌리, 홍고추 4개(약 60g), 베지버거 480g, 고춧가루 4큰술, 다진 마늘 2큰술, 구운소금 3작은술, 야채국물 4컵(한 컵 기준 250cc)

이렇게 만들어요

1 팽이버섯의 밑둥을 자르고, 콩나물은 머리와 꼬리를 다듬는다.
2 고사리는 콩나물 크기로 자른다.
3 베지버거는 올리브기름을 두르고, 다진 마늘을 넣어서 볶는다.
4 베지버거에 기름이 돌면 고춧가루를 넣고 함께 볶아준다.
5 야채국물을 넣고 얼마간 끓이다가 구운소금으로 간을 한 후 콩나물, 고사리, 베지버거 순으로 넣고 끓인다.
6 대파를 반으로 쪼개서 7cm 크기로 자른 뒤 차가운 물에 담궈서 손으로 조물거린다.
7 물이 끓으면 대파를 넣고 살짝 끓인다.
8 불을 끄고 팽이버섯을 넣고 저어준다.

cooking 14
든든한 건강식

자연식 면

> 병에 걸리기 전에 몸에서는 이상반응이 여러 번 일어난다.
> 이른바 건강 적신호가 울리는 것이다.
> 건강한 신체를 위한 습관적인 예방은 치료보다 낫다.
> - 서양금언

통밀국수나 메밀국수를 사용하여 만드는
자연식 면 요리는 야채국물을 사용하여 면발을 끓여낸다.
거기에 입안 가득 시원한 천연 자연식 소스를 함께
곁들여 먹으면 더 좋다.

모밀국수

재료

메밀국수 480g, 오이 반개(100g), 배 100g, 무 100g, 실파 3뿌리, 김 1장, 야채국물 2컵(한 컵 기준 250cc), 조청 4큰술, 가루간장 4큰술

이렇게 만들어요

1 무와 배를 강판에 갈아서 1 : 1 비율로 섞어 고명을 만든다.
2 야채국물에 느타리버섯, 당근을 넣고 한 번 더 끓인다. 느타리버섯에서 가다랭이 맛이 난다.
3 야채국물, 가루간장, 조청, 다진 실파를 넣고 장국을 만든다.
4 냄비에 면을 넣고 끓이다가 물이 끓으면 차가운 생수를 반 컵 정도 넣고 다시 끓이기를 4회 정도 반복한다.
5 오이는 원형으로 자른 후 곱게 채를 썬다. 김은 구워서 잘게 부순다.
6 면이 익으면 여러 번 헹군 후 먹기 좋게 면을 둥글게 만다.
7 국수사리 위에 썰어놓은 오이와 김가루를 얹어 마무리한다.

COOKING TIP 장국국물에 준비한 고명을 2큰술 정도 타서 오이, 김가루를 넣고 국수에 찍어 먹는다.

통밀물국수

재료

통밀국수 500g, 애호박 100g, 표고버섯 100g, 오이 100g, 당근 100g, 생수 20컵, 야채국물 3큰술, 구운소금 1작은술, 자연식 양념간장 5큰술, 야채국물 1½컵, 김가루 약간

이렇게 만들어요

1. 애호박을 삶아서 어슷썰어 채를 친 후 야채국물과 구운소금을 넣고 살짝 볶는다.
2. 생표고버섯을 채를 썰어서 가루간장 1작은술을 넣고 볶는다.
3. 오이와 당근은 어슷썰어 채를 썬다.
4. 냄비에 야채국물 1컵을 붓고 구운소금 1/2작은술을 넣는다.
5. 양념간장을 준비한다.
6. 4에 면을 넣고 끓이다가 물이 끓으면 차가운 생수를 반 컵 정도 넣고 다시 끓이기를 4회 정도 반복한다.
7. 그릇에 면을 담고 준비한 애호박과 표고버섯, 오이, 당근, 김가루로 장식을 한다.
8. 6번에서 준비한 국물을 붓는다.
9. 완성된 국수에 자연식 양념간장을 곁들여낸다.

비빔냉면

재료

오이 100g, 무 120g, 냉면국수 640g, 야콘 120g, 구운소금 1/2큰술, 레몬즙 1큰술, 고춧가루 1큰술, 김 1장, 자연식 냉면소스

이렇게 만들어요

1. 자연식 냉면소스를 준비한다.
2. 오이와 무를 어슷하게 얇게 썰어서 소금에 약 10분 정도 절인 후 채에 받쳐서 물기를 제거한다.
3. 물기 빠진 오이와 무를 레몬즙과 꿀을 섞어 10분 정도 재워둔다.
4. 고춧가루를 넣고 버무린다.
5. 물이 끓을 때 면을 넣고 올리브기름을 한두 방울 떨어뜨린다.
6. 익은 면을 차가운 생수에 헹궈서 채에 받쳐 물기를 뺀다.
7. 냉면사리 위에 재워놓은 오이와 무를 얹고, 반달 모양으로 얇게 썬 배와 채친 야콘을 곁들인다.
8. 김을 살짝 구워서 잘게 부순 다음 완성된 냉면 위에 뿌린다.
9. 자연식 냉면소스를 곁들여서 비벼먹는다.

통밀국수 스파게티

재료

통밀국수 640g, 토마토 1kg, 파인애플 60g, 베지버거 1큰술, 토마토페이스트 2큰술, 다진 마늘 1작은술, 당근 20g, 삼색피망 100g, 블랙올리브 10개, 양파 120g, 양송이버섯 30g, 월계수 반잎, 가루간장 4큰술, 꿀 3큰술, 생수 3~4큰술, 전분 3~4큰술

이렇게 만들어요

1. 토마토는 꼭지를 딴 후 4등분으로 칼집을 넣고 짧은 시간에 데쳐낸다.
2. 익은 토마토 껍질을 벗기고, 살짝 씹힐 정도로 간다.
3. 파인애플과 당근을 다져서 베지버거를 넣고 끓이다가 토마토페이스트를 넣는다.
4. 다진 마늘, 월계수 잎을 섞어서 끓이다가, 가루간장, 꿀을 넣고 간을 한다.
5. 생수와 전분을 1:1 비율로 넣고 걸쭉해질 때까지 끓인다.
6. 삼색피망을 0.5cm로 깍뚝썰기를 한다. 양파도 같은 크기로 자른다.
7. 양송이버섯을 반달 모양으로 자르고, 블랙올리브는 링 모양으로 얇게 썬다.
8. 6, 7번에서 준비한 재료들은 불을 끄기 전에 넣고 젓는다.
9. 면은 끓이다가 물이 끓으면 차가운 생수를 반 컵 정도 넣고 다시 끓이기를 4회 정도 반복한다.
10. 면을 그릇에 담고, 끓인 소스를 끼얹는다.

자장면

재료

검은콩 80g, 당근 60g, 감자 200g, 애호박 120g, 표고버섯 80g, 새송이버섯 60g, 양파 160g, 양배추 100g, 베지미트 200g, 다진 마늘 1작은술, 가루간장 1큰술, 조청 1큰술, 통밀국수 640g, 올리브기름 4큰술, 야채국물 2컵 (한 컵 기준 250cc)

이렇게 만들어요

1. 검은콩을 불리지 않은 상태에서 야채국물에 약 20~25분 정도 삶는다. 이때 콩을 불린 야채국물은 버리지 말고 놓아둔다.
2. 삶은 콩을 덩어리지게 간다.
3. 감자, 당근, 호박, 표고버섯, 새송이버섯, 양배추, 양파를 1cm 크기로 썬다.
4. 달군 팬에 올리브기름 1큰술을 두르고, 다진 마늘, 베지미트, 감자, 당근, 표고버섯, 새송이버섯, 애호박, 양배추, 양파 순으로 하나씩 살짝 볶는다.
5. 올리브기름 1큰술을 두르고 갈아놓은 콩을 볶다가 가루간장, 조청으로 간을 한다.
6. 썰어놓은 야채들을 모두 넣고 야채가 익을 때까지 볶는다.
7. 불을 끄고 올리브기름 1큰술을 두르고 섞는다.
8. 면은 물이 끓으면 차가운 생수를 반 컵 정도 넣고 다시 끓이기를 4회 정도 반복한다.
9. 면이 뜨거울 때 올리브기름 1큰술을 넣고 무친다.
10. 면 위에 준비한 소스를 얹고 오이를 얇게 채를 쳐 고명을 올려서 비벼먹는다.

자연식 면 215

잡채

재료

시금치 30g, 팽이버섯 40g, 말린 표고버섯 60g, 당근 50g, 삼색피망 150g, 당면 100g, 느타리버섯 50g, 양파 100g, 깨소금 1큰술, 가루간장 2큰술, 올리브기름 1큰술, 꿀 5큰술, 야채국물 3큰술

이렇게 만들어요

1. 당면은 요리하기 전 한 시간 정도 미리 담궈둔다.
2. 표고버섯, 삼색피망, 양파, 당근은 채를 썬다.
3. 느타리버섯은 결을 따라 세로로 찢는다.
4. 시금치는 깨끗이 씻어서 다듬고, 팽이버섯은 적당한 크기로 자른다.
5. 끓는 물에 불린 당면을 넣고 면이 익을 정도로 삶은 뒤 차가운 물에 헹구어낸다.
6. 당면을 먹기 좋은 크기로 자른다.
7. 당면에 가루간장 1큰술, 올리브기름 1큰술, 꿀 2큰술을 넣고 무친다.
8. 달군 팬에 다진 마늘을 넣고 표고버섯을 볶는다.
9. 표고버섯을 볶다가 당근, 양파를 넣고 야채국물을 넣고 볶는다.
10. 느타리버섯을 넣고 가루간장 1큰술, 꿀 3큰술으로 간을 한다.
11. 간이 벤 당면을 넣고 볶는다.
12. 당면이 익으면 불을 끄고 시금치, 삼색피망, 팽이버섯을 넣어서 버무린다.
13. 깨소금을 뿌려서 마무리한다.

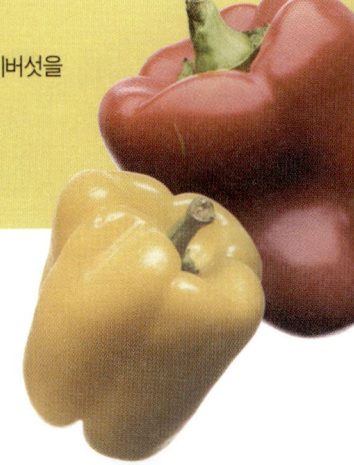

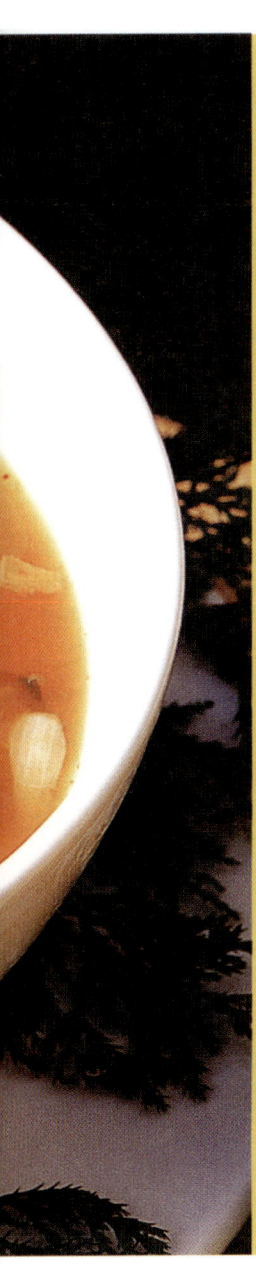

통밀수제비

재료
마른 미역 40g, 느타리버섯 160g, 마른 표고버섯, 80g, 감자 300g, 애호박 80g, 배추김치 400g, 통밀가루 4작은술, 구운소금 1작은술, 올리브기름 1작은술, 생수 1컵, 대파 1뿌리, 마늘 1작은술, 깨소금 1작은술, 가루간장 3큰술, 야채국물 4컵(한 컵 기준 250cc)

이렇게 만들어요
1. 통밀가루, 소금, 올리브기름, 생수를 넣고 반죽한다.
2. 재료를 준비할 동안 반죽을 투명비닐에 꼭 싸서 놓아둔다.
3. 김치, 미역은 잘게 썰고, 감자는 이등분해서 반달 모양으로 썬다.
4. 느타리버섯은 결을 따라 세로로 찢고, 표고버섯은 모양대로 썬다.
5. 야채국물에 김치를 넣고 끓이다가 감자, 느타리버섯, 표고버섯, 미역 순으로 넣고 난 후 반죽을 얇게 떼어 넣는다.
6. 반죽이 뜨기 시작하면 호박을 반달모양으로, 대파를 어슷썰어서 살짝 끓인다.
7. 깨소금으로 마무리한다.

COOKING TIP 김치는 기호에 따라 갓김치나 배추김치 등을 선택해서 넣어도 좋다.

쟁반국수

재료

깻잎 80g, 양배추 200g, 배 100g, 적채 200g, 양상추 200g, 당근 150g, 오이 100g, 야콘 200g, 통밀국수 640g, 자연식 냉면소스

이렇게 만들어요

1. 양배추, 적채, 당근, 오이, 야콘, 깻잎, 배를 곱게 채를 썬다.
2. 파인애플, 배, 양파를 다진 후, 자연식 고추장, 가루간장, 꿀, 매실액, 올리브기름, 실파, 깨소금과 함께 섞어 양념장을 만든다.
3. 냄비에 면을 넣고 끓이다가 물이 끓으면 차가운 생수를 반 컵 정도 넣고 다시 끓이기를 4회 정도 반복한다.
4. 면 위에 채를 썰어놓은 야채들을 가지런히 얹은 후 양념장을 얹는다.

자연식 면 221

cooking 15

파릇파릇

자연식 봄나물

자신의 건강을 돌보라. 그리고 건강하거든 신을 찬미하라.
– 한국속담

제철 나물만 잘 챙겨먹어도 몸에 좋다.
두릅초, 취나물, 달래, 냉이 등 봄나물들에
가루간장, 고춧가루, 깨소금 등을 넣어
파릇파릇한 봄기운을 온몸 가득 느껴본다.

깻잎무침

재료

깻잎 200g, 양념장(가루간장 1작은술, 구운소금 1/2작은술, 깨소금 1작은술)

이렇게 만들어요

1. 깻잎을 깨끗하게 다듬고 씻는다.
2. 물기가 적당히 빠진 깻잎을 끓는 소금물에 데쳐내 찬물에 헹궈 물기를 꼭 짠다.
3. 분량의 양념장에 무쳐 담아낸다.

달래생채

재료

달래 150g, 오이 100g, 양념장(가루간장 1/2큰술, 고추장 2큰술, 고춧가루 1/2큰술, 레몬 1큰술, 실파 2대)

이렇게 만들어요

1. 달래는 뿌리 쪽의 깨알같이 생긴 것을 긁어낸다. 이 부분을 그대로 두면 마치 나무를 씹는 듯한 맛이 난다.
2. 달래를 깨끗이 씻은 다음 뿌리의 동그랗게 튀어나온 부분을 칼등으로 누르고 3cm 길이로 썬다.
3. 오이는 반으로 갈라 3cm 길이로 썬다.
4. 분량의 재료를 합하여 양념장을 만든다.
5. 넓은 볼에 준비해 놓은 재료를 모두 담고 양념장을 넣어 버무린다.

두릅초무침

재료

두릅 200g, 양념장(고추장 2큰술, 고춧가루 1/2큰술, 꿀 1큰술, 가루간장 1작은술, 깨소금 1큰술, 레몬 1큰술, 다진 마늘 1큰술)

이렇게 만들어요

1. 두릅은 딱딱한 줄기와 두릅순이 있는 부위의 경계를 잘라낸다.
2. 두릅의 겉잎을 떼어내고 손질한다.
3. 두릅을 소금물에 넣어 파랗게 데친다. 데칠 때는 두꺼운 줄기부분부터 먼저 넣고 데친 다음 건져서 물기를 제거한다.
4. 양념을 분량대로 만들어 준비한다.
5. 접시에 재료를 가지런히 담고 양념장을 끼얹거나 무쳐낸다.

취나물

재료

취나물 200g, 양념장(쌈된장 2큰술, 고추장 1큰술, 가루간장 1작은술, 청·홍고추 각 50g, 다진 마늘 1큰술)

이렇게 만들어요

1. 취나물은 연한 부분만 다듬어 5cm 길이로 썬 다음, 끓는 소금물에 넣고 데쳐 찬물에 헹궈 물기를 꼭 짠다.
2. 넓은 그릇에 분량의 무침 양념을 넣어 무친다.

동초겉절이

재료

동초 200g, 양념장(야채국물 2큰술, 고춧가루 1/2큰술, 레몬 1큰술, 다진 마늘 1/2큰술, 홍고추 50g, 가루간장 1큰술, 꿀 1큰술, 깨소금 1/2큰술, 실파 3대)

이렇게 만들어요
1. 동초는 뿌리 쪽 줄기 끝부분을 잘라내고 깨끗하게 다듬는다.
2. 다듬은 동초를 찬물에 씻은 다음 소쿠리에 건져 물기를 거둔다.
3. 넓은 그릇에 동초를 넣고 양념장으로 살살 버무린다.

빈혈과 감기에 좋은 겨울초

일부 남부지방에서는 동초라고 불리기도 하고, 겨울초의 꽃이라고 하여 유채꽃이라고도 한다. 배추과에 속하는 유채는 일반배추보다 추위에 강하고 단맛도 강하다. 비타민A, B, C가 다량 함유되어 있고, 철분과 칼슘 또한 많이 함유하고 있다. 특히 칼슘은 채소 중에서도 가장 높아서 빈혈을 예방하고 신체의 저항력을 높여서 감기를 예방하는데 도움을 준다.

냉이무침

재료

냉이 150g, 양념장(가루간장 1/2큰술, 쌈장 2큰술, 다진 마늘 1/2큰술, 실파 1대, 깨소금 1큰술, 고춧가루 1/2큰술, 고추장 1큰술)

이렇게 만들어요

1. 냉이는 뿌리 쪽을 칼로 긁어 다듬고 굵은 것은 반으로 갈라 깨끗이 씻는다.
2. 다듬은 냉이를 끓는 소금물에 데쳐 낸 후 찬물에 헹궈 물기를 꼭 짠다.
3. 분량의 양념에 준비한 재료들을 무쳐 담아낸다.

돌나물생채

재료

돌나물 200g, 야콘 1개, 양념장(야채국물 1큰술, 가루간장 1/2큰술, 고운 고춧가루 1/2큰술, 굵은 고춧가루 1/2큰술, 레몬 1큰술, 꿀 1큰술, 실파 2대, 깨소금 1큰술, 다진 마늘 1/2큰술)

이렇게 만들어요

1. 돌나물은 뿌리 쪽 줄기 끝부분을 잘라내고 깨끗하게 다듬는다.
2. 다듬은 돌나물을 찬물에 깨끗이 씻고 소쿠리에 건져 물기를 거둔다.
3. 야콘은 껍질을 깎고 얇게 썰어서 접시에 예쁘게 돌려담기 한다.
4. 분량의 양념장에 돌나물을 넣고 살살 버무린다.

풋마늘무침

재료
풋마늘 200g, 양념장(고추가루 1/2큰술, 고추장 2큰술, 가루간장 1/2큰술, 레몬 1큰술, 깨소금 1/2큰술)

이렇게 만들어요
1. 풋마늘은 잎 사이사이를 깨끗하게 살펴보면서 손질하여 씻는다.
2. 다듬은 풋마늘 두꺼운 부분부터 먼저 데친 다음 뿌리 부분도 같이 데쳐내고 찬물에 헹궈 물기를 꼭 짠다.
3. 분량의 양념장에 무쳐 그릇에 담아낸다.

cooking 16

푸짐한 영양만점

자연식 특별요리

음식만으로 환자를 고칠 수 있다면
약은 약통 안에 그냥 두어라.
- 마크 트웨인

표고탕수, 감자탕수, 함지쌈말이, 부추만두, 찹쌀부꾸미,
통밀국수강정 등 영양만점 자연식들이 한자리에 모였다.
아이들 영양간식으로도 좋은 자연식 특별요리 하나면
온 가족이 맛있게 먹을 수 있다.

콩두유

재료
대두콩 100g, 구운소금 1/2작은술, 생수 7컵(한 컵 기준 250cc)

이렇게 만들어요
1 대두콩을 10시간 정도 불려서 삶는다.
2 끓어오르면 불을 약하게 해서 7분 정도 삶는다.
3 구운소금을 넣고 곱게 간다.

COOKING TIP 대두콩을 곱게 갈아야 소화흡수가 잘 된다. 콩두유는 매일 아침마다 꼭 챙겨 마신다. 매일 하루 한 번, 아침마다 마시게 되면 뱃속 건강이 유지되는 명약이다. 또한 아마씨를 살짝 볶아서 대두콩과 같이 곱게 갈아 마시는 것도 좋은 방법이다. 아마씨의 양은 한 컵 기준에 한 T스푼 정도를 넣으면 적당하다.

식물성 단백질이 가장 높은 콩

콩은 그 자체만으로 삶고 볶아서 먹기에도 좋고 두부 등으로 가공해서 먹을 수도 있다. 특히 대두는 다른 콩에 비하여 단백질과 지질이 많다. 콩의 성분에는 여성호르몬과 비슷한 작용을 하는 이소플라본이 있는 것으로 밝혀졌는데, 이 작용으로 퇴행성 질환이나 유방암 등에 효과가 있다. 또 다이어트 영양식으로도 훌륭한 콩은 리시틴이라는 성분을 함유하고 있는데, 이것이 몸 안의 지방을 이동시키는 작용을 하고 노폐물이나 기름덩어리를 줄여주기도 한다. 대두의 지방은 주로 불포화 지방산이 많으며 그 중에서 리놀산, 리놀렌산은 심장질환을 예방하고 저혈압증에 좋다.
콩은 특히 단백질, 미네랄, 인, 칼슘이 풍부하고, 비타민 중에선 특히 B1, B2의 함량이 많으며, 니코틴산과 당질을 함유하고 있다.
대두 단백질은 스태미너 식품으로 정력이 강해지는데 필요하다. 라이신과 알기닌, 글루타민산 등이 풍부하여 정자의 생성을 촉진하기 때문이라고 알려져 있다.

감자탕수

재료

감자 250g, 단호박 180g, 붉은 피망 30g, 파란 피망 30g, 당근 20g, 오이 30g, 양파 40g, 녹말가루 1큰술, 레몬 반개, 꿀 4큰술, 구운소금 1/2작은술, 생수(한 컵 기준 250cc)

이렇게 만들어요

1. 양파, 오이, 당근, 파란 피망, 붉은 피망을 적당한 크기로 깍뚝 썬다.
2. 생수를 붓고 물이 끓으면 구운소금을 약간 넣고 뚜껑을 연 채 감자와 당근을 삶는다.
3. 감자가 익으면 건져내고, 감자 삶은 생수에 호박을 데친다.
4. 호박을 삶은 물과 함께 믹서기에 곱게 간다.
5. 곱게 간 물을 약한 불에 올려 레몬과 꿀, 소금을 넣고 젓는다.
6. 전분과 녹말을 1 : 1 비율로 넣는다.
7. 준비한 감자를 넣고 젓는다.
8. 불을 끄고 썰어놓은 야채를 모두 넣고 섞는다.

부추만두

재료

베지버거 480g, 부추 240g, 통밀가루 4컵(한 컵 기준 250cc), 두부 560g, 다진 마늘 1작은술, 구운소금 2작은술, 올리브기름 1작은술, 생수 1컵(한 컵 기준 250cc)

이렇게 만들어요

1. 김치를 물기없이 짠 상태에서 두부, 부추, 베지버거를 다져서 다진 마늘을 넣고 버무린다.
2. 생수에 소금, 올리브기름을 넣고 통밀가루에 반죽한다.
3. 밀가루 반죽을 2cm 굵기로 길게 밀어서 3cm 크기로 떼어낸다.
4. 떼어낸 반죽은 홍두깨를 사용하여 둥근 원모양으로 얇게 민다.
5. 1의 재료를 넣어 완성된 만두를 찜통에 넣고 센 불에서 약 10분 정도 찐다.

찹쌀부꾸미

재료
찹쌀가루 4컵(한 컵 기준 250cc), 끓인 물 1컵(한 컵 기준 250cc), 올리브기름 1작은술

이렇게 만들어요
1. 찹쌀가루에 끓는 물을 넣고 익반죽한다.
2. 반죽덩이를 적당히 떼어내어 완자를 빚듯 둥글넓적하게 빚는다.
3. 올리브기름을 넣고 노릇하게 굽는다.

COOKING TIP   올리브기름을 손에 바르고 빚으면 손에 달라붙지 않아서 좋다. 기호에 따라서 대추채, 호박씨를 위에 고명으로 얹는다.

함지쌈말이

재료

함지쌈 12장, 당면 50g, 두부 60g, 양파 50g, 부추 40g, 당근 30g, 표고버섯 50g, 구운소금 2작은술, 베지버거 480g

이렇게 만들어요

1 당면을 끓는 물에 데쳐서 차가운 생수에 헹군 뒤 물기를 제거한다.
2 두부를 끓는 물에 데쳐서 베보자기로 물기를 짠다.
3 양파, 홍고추, 풋고추, 당면, 당근, 부추, 표고버섯을 잘게 다진다.
4 모든 재료를 섞어서 구운소금으로 간을 하여 살짝 볶다가 두부를 넣고 같이 볶는다.
5 불을 끈 다음 부추를 넣고 소를 만든다.
6 따뜻한 생수에 함지쌈을 한 장씩 넣고 적신다.
7 익은 함지쌈에 소를 넣고 양면을 서로 포개듯 접어서 말아준다.
8 찜통에 살짝 찐다.

COOKING TIP 여름에는 소에 깻잎을 넣어서 그대로 먹고, 겨울에는 굽거나 쪄서 먹으면 좋다.

통밀모닝빵버거

재료

통밀모닝빵 8개, 베지버거 240g, 양송이버섯 100g, 부추 40g, 토마토 280g, 오이 80g, 두부 120g, 전분 4큰술, 올리브기름 2큰술, 양상추 8장, 생양파링 8개, 올리브기름 2큰술, 토마토페이스트 1큰술, 케첩소스 1큰술, 월계수 1잎, 가루간장 1큰술, 생수 1큰술, 꿀 1큰술, 구운소금 1큰술, 자연식 치자소스

이렇게 만들어요

1 양송이버섯, 부추, 양파, 두부를 잘게 다진다.
2 전분과 베지버거를 넣고 섞는다.
3 1번, 2번 재료들을 섞어서 모닝빵 크기에 맞춰 둥글넓적하게 빚어 모양을 만든다.
4 달군 팬에 올리브기름을 두르고 버거를 굽는다.
5 자연식 치자소스를 준비한다.
6 토마토페이스트, 월계수 가루, 구운소금, 꿀을 섞어서 케첩 소스를 만든다.
7 모닝빵을 반으로 잘라서 김이 오르는 찜통에 넣고 찐다.
9 양상추를 큼직하게 뜯어서 흐르는 생수에 씻는다.
9 오이는 이등분을 해서 길게 썬다.
10 토마토를 원통 모양으로 얇게 썬다.
11 쪄낸 빵 한면에 치자소스를 바르고 양상추를 얹는다.
12 구운 베지버거, 오이, 토마토, 양파 순으로 얹는다.
13 야채 위에 케첩 소스를 얹고 빵을 덮는다.

표고탕수

재료

말린 표고버섯 260g, 당근 45g, 삼색피망 45g, 오이 30g, 전분가루 2큰술, 올리브기름 2큰술, 레몬즙 2큰술, 꿀 6큰술, 가루간장 3큰술, 구운소금 1/2큰술, 야채국물 2¹/₂컵(한 컵 기준 250cc)

이렇게 만들어요

1. 표고버섯을 5시간 정도 물에 불렸다가 손으로 물기를 짠다.
2. 표고버섯 기둥의 딱딱한 부분을 떼어내고 채를 썬다.
3. 채친 표고버섯에 가루간장 1/2작은술을 넣고 밑간을 한 뒤, 전분가루로 버무린다.
4. 야채국물에 레몬, 가루간장 2큰술, 꿀, 구운소금을 넣고 탕수유를 끓인다.
5. 달군 팬에 올리브기름을 두르고 버섯을 앞뒤로 노릇하게 구워낸다.
6. 탕수유가 끓으면 전분과 생수를 1:1로 섞어서 약한 불에서 걸쭉하게 끓인다.
7. 당근을 넣고 익힌다.
8. 접시에 구운 버섯을 담고 오이, 양파, 삼색피망을 예쁜 모양으로 썰어서 고명으로 얹는다.
9. 탕수유를 끼얹는다.

감자크로켓

재료

감자 680g, 베지버거 200g, 양파 100g, 통밀 빵가루 100g, 파슬리, 전분가루 5큰술, 올리브기름 2 1/2컵(한 컵 기준 250cc)

이렇게 만들어요

1. 감자 껍질을 벗겨서 큼직하게 썰고 감자를 찜통에 쪄낸 다음 으깬다.
2. 양파와 파슬리를 잘게 다져서 거즈에 싼 뒤, 흐르는 물에 씻어서 물기를 꼭 짠다.
3. 통밀 빵가루에 감자, 양파, 파슬리를 넣고 반죽한다.
4. 전분 가루 4큰술을 넣고 한 번 더 반죽한다.
5. 크로켓을 달걀 모양으로 빚는다.
6. 남은 전분가루에 물을 붓고 섞는다.
7. 크로켓을 전분물에 담궈서 빵가루를 입힌다.
8. 180℃ 오븐에 약 10분~15분 정도 구워낸다.

구절판

재료

당근 200g, 삼색피망 360g, 콩나물 140g, 오이 140g, 양파 100g, 표고버섯 100g, 올리브기름 4큰술, 생수 3컵(한 컵 기준 250cc), 자연식 치자소스와 잣가루, 밀전(통밀가루 1컵, 구운소금 1작은술, 생수 1¼컵)

이렇게 만들어요

1. 당근, 피망, 오이, 표고버섯, 양파는 채를 썰어서 접시에 돌려 담는다.
2. 콩나물은 머리와 뿌리를 다듬어서 끓는 물에 살짝 데쳐내고 차가운 생수에 헹군다.
3. 통밀가루에 구운소금을 넣고 풀어서 체에 거른다.
4. 잘 길들여진 팬에 올리브유를 두르고 밀가루 푼 것을 큰술 하나씩 떠서 7~8cm 크기의 밀전병을 만든다.
5. 만들어놓은 4의 밀전병을 얇게 부친다. 이 때 밀전병을 뒤집어서 뒷면도 살짝 익힌다.
6. 표고버섯을 살짝 볶는다. 이 때 밀고기를 곁들여도 좋다.
7. 접시에 모든 재료들을 돌려 담고 잣가루를 넣은 자연식 치자소스를 곁들여 낸다.

모듬회

재료

생표고버섯 160g, 느타리버섯 320g, 마른 미역 60g, 곤약 35g, 두릅 35g, 구운소금 1/2작은술, 자연식 초고추장

이렇게 만들어요

1. 생표고버섯은 기둥 끝에 딱딱한 부분을 자르고 끓는 물에 구운소금을 조금 넣고 데친다.
2. 데친 생표고버섯을 기둥까지 포를 뜨듯 얇게 어슷모양으로 썬다.
3. 느타리버섯은 끓는 물에 구운소금을 조금 넣고 데친 후 결대로 가지런하게 찢어놓는다.
4. 마른 미역은 깨끗이 씻어 먹기 좋은 길이로 자른다.(생미역이 나는 철에는 생미역으로 한다.)
5. 곤약은 얇게 채를 썰어서 끓는 물에 10분 정도 삶아서 차가운 생수에 여러 번 헹궈서 물기를 짠다.
6. 두릅은 끓는 물에 구운소금을 조금 넣고 데쳐서 차가운 물에 헹군다.
7. 준비한 모든 재료들을 접시에 모둠으로 담고 자연식 초고추장을 곁들인다.

통밀국수강정

재료

말린 통밀국수 480g, 해바라기씨 80g, 호박씨 80g, 아몬드 120g, 조청 1/2큰술

이렇게 만들어요

1. 통밀국수를 삶아서 대소쿠리에 받쳐 바짝 말린다.
2. 말린 국수를 절구통에 넣고 잘게 찧는다.
3. 두꺼운 후라이팬에 국수를 넣고 노릇하게 볶는다.
4. 호박씨, 해바라기씨, 아몬드를 살짝 볶는다.
5. 조청을 넣고 끓이다가 잘게 찧은 국수와, 호박씨, 아몬드, 해바라기씨를 넣고 버무린다.
6. 편편한 판 위에 잘 버무려진 5의 재료를 넣고 넣고 모양을 반듯하게 만든다.
7. 굳으면 먹기 좋은 크기로 자른다.

자연식은 인체의 신진대사에 가장 중요한 성분인 비타민을 비롯하여 각종 영양소와 효소가 살아 있는 영양의 보고이다. 또한 영양소의 파괴가 없고, 장내에서 혈액이 탁해지는 것도 방지한다. 혈액이 탁해지는 것을 막으면 혈액은 신선한 산소와 영양을 신체의 각 세포로 보내어 각 장기가 그 기능을 충실히 발휘하게 된다. 그리고 우리 몸에서 각종 독소와 노폐물을 분리, 해독하는 작용을 하는 간이 피로하지 않게 되어서 간 기능이 정상화된다. 간 기능이 정상화되면 면역 기능이 회복된다. 이로 인해 몸의 자연치유력이 높아져 각종 질병이 예방되고, 퇴행성 질환도 자연스럽게 치유된다. 뿐만 아니라 암, 심혈관계 질환, 망막 손상, 당뇨병, 노화방지, 변비, 비만 등 각종 성인병을 예방할 수 있다. 이처럼 자연식이란 우리 몸의 자연 치유력을 높여 각종 질병을 예방하거나 치유하는데 그 목적이 있다. 자연식은 경이로운 치료 효과 때문에 의학 혁명이라고 불리기까지 한다.

경이로운 의학 혁명 2

이것이 바로 자연식이다

자연식 길잡이 둘!

잘못된 식습관이 병을 부른다

오늘날 현대인들은 건강을 지키기가 어려운 사회 속에서 살고 있다. 사회가 발달함에 따라 환경오염으로 인한 각종 공해 물질, 운동 부족과 스트레스, 담배나 술 등으로 인해 각종 퇴행성 질환이 급증하고 있기 때문이다. 우리가 즐겨 마시는 술은 지방간과 간염의 원인이 되며 발암 물질의 활동을 촉진하여 암 유발 환경을 만들어준다. 또 담배는 불에 타면서 벤조피렌이란 강한 발암 물질을 생성하는데, 이 결과 애주가나 애연가들은 구강암의 발생률이 보통 사람보다 15배가 된다고 한다. 이렇게 성인병이나 암은 어느 정도 유전인자와 관련이 있지만 대부분은 생활환경과 생활습관으로 인해 발병 된다는 연구 결과가 나왔

다. 다시 말해서 많은 종류의 병들은 우리의 생활환경과 생활습관을 바르게 고쳐 줌으로써, 예방은 물론이고 치유 또한 가능하다는 것이다.

그러나 무엇보다 대부분의 질환은 잘못된 식습관에서부터 비롯된다. 음식을 통해 외부에서 들어온 화학 물질과 소화 능력 이상으로 음식을 과다 섭취하여 음식이 몸 안에서 부패하면서 생긴 독소, 농수축 산업이 기업화 되면서 각종 화학 비료나 농약, 항생제, 착색제, 호르몬제 등 각종 유해 물질에 노출되어 있는 식품의 독이 우리의 인체에 누적된다. 특히 요즘 같은 세상에서 다양하고 기발한 음식재료들과 풍성한 음식들은 현대인들의 미각을 중독시키고 있다. 무엇보다 육류 위주의 가공 식품이나 패스트푸드가 자꾸 개발 되면서 인체의 흐름을 방해하는 문제들이 야기되고 있는 것이 큰 문제이다. 이러한 음식들을 통해 외부에서 들어오는 화학 물질과 함께 과식이나 다이어트 등으로 인해 몸속에서 생긴 독소와 영양소의 결핍으로 각종 영양소가 파괴되어 성인병을 유발시킨다. 우리의 잘못된 식습관이 병을 불러오고 있는 것

이다.

　모든 세포는 암을 일으킬 가능성을 가지고 있는데 여기에 암을 발생시키는 어떤 인자가 들어가면 병이 발생한다. 각종 음식물에는 암의 발생에 원인이 되는 발암 요소와 다른 발암 요소를 도와주어 암을 쉽게 일으키게 하는 물질이 있거나 또는 암을 빨리 자라나게 하는 발암 물질이 들어있기도 하다. 그러나 어떠한 음식물에는 항암 물질이라고 해서 발암 물질의 활동을 억제, 제거하거나 또는 우리 몸의 면역을 높여 발암 물질에 저항하게 하는 암세포 성장의 억제 물질도 있다. 이러한 결과로 인해 '음식으로 고칠 수 없는 병은 의사도 고칠 수 없다.'는 히포크라테스의 경구처럼 음식으로 병을 고친다는 취지에서 나온 것이 바로 자연식이다.

　자연식은 양질의 식품을 정제 가공하지 않고, 가급적이면 조리하지 않은 채 자연 그대로 섭취하는 식사법이다. 자연식은 제철에 나오는 과일이나 야채를 지나치게 다듬거나 잘라내지 않고 먹도록 한다. 그리고 육류 보다는 채식과 생식을 권장한다. 무엇보다 일반식처럼 칼로리가 높지도 않고 영양소가 풍부하며, 우리 인체에 가장 알맞게 소화 흡수가 잘 되는 식사법이다.

　이미 미국은 막스 거슨 박사(1881~1959)에 의해 자연식 위주의 식이요법으로 수많은 암 환자를 치료했고, 미국 국립암연구소는 그의 지침에 기초하여 암 예방 정책을 펴게 되었다. 거슨 박사가 이토록 자연식의 성과를 거둔 것은 자연식이 몸 안의 면역력을 키워서 병을 이겨낸다는 것을 깨달았기 때문이다. 이처럼 자연식이란 우리 몸의 자연 치유력을 높여 각종 질병을 예방하거나 치유하는데 그 목적이 있다. 자연식은 경이로운 치료 효과 때문에 의학 혁명이라고

불리기까지 한다.

 자연식은 인체의 신진대사에 가장 중요한 성분인 비타민을 비롯하여 각종 영양소와 효소가 살아 있는 영양의 보고이다. 또한 영양소의 파괴가 없고, 장내에서 혈액이 탁해지는 것도 방지한다. 혈액이 탁해지는 것을 막으면 혈액은 신선한 산소와 영양을 신체의 각 세포로 보내어 각 장기가 그 기능을 충실히 발휘하게 된다. 그리고 우리 몸에서 각종 독소와 노폐물을 분리, 해독하는 작용을 하는 간이 피로하지 않게 되어서 간 기능이 정상화된다. 간 기능이 정상화되면 면역 기능이 회복된다. 이로 인해 몸의 자연치유력이 높아져 각종 질병이 예방되고, 퇴행성 질환도 자연스럽게 치유된다. 뿐만 아니라 암, 심혈관계

질환, 망막 손상, 당뇨병, 노화방지, 변비, 비만 등 각종 성인병을 예방할 수 있다. 인간은 원래 자연식에 적합한 인체구조를 가지고 있다. 채식 동물은 대장과 소장이 길다. 인간 역시 채식동물과 같은 대장의 구조를 가지고 있다. 인간의 신체 구조를 볼 때 가장 이상적인 식품은 자연에서 성장한 싱싱한 식물, 채소, 과실류 등이다. 기름지고 화학조미료를 섞은 음식보다는 자연의 채식이나 간단하게 조리한 음식이 건강을 이끌어낸다.

　이렇게 건강하고 살아있는 자연식을 하기 위해서 우리가 꼭 알아야 할 자연식의 3대 조건이 있다. 바로 살아있는 효소, 엽록소, 배아이다.

　효소가 부족하면 피로와 함께 각종 질병에 시달리게 된다. 효소가 정상적으로 활동하고 있는 상태에서는 세포가 강화되고 질병에 대한 저항력이 강화되어 자연치유력이 생긴다. 효소가 살아있는 식품을 먹어야 피가 맑아지고 체질이 개선된다. 효소가 활성화되기 위해서는 단백질, 비타민, 미네랄, 체액의 산도, 체온, 습도가 맞아야 한다.

　엽록소는 천연 철분 제재라고 해도 과언이 아닐 정도로 좋은 피를 만들어 낸다. 엽록소에는 생명유지 물질인 각종 비타민과 미네랄은 물론이고 아직 인간이 생화학적으로 발견하지 못한 유익 물질까지 함유하고 있어 효소를 만들고 활성화 시킨다. 섬유질은 그 자체로 영양가는 없지만 스폰지처럼 수분을 빨아들여 대장 운동을 자극하여 변비를 예방한다. 또한 엽록소 속에는 양질의 비타민과 무기질이 많이 들어있어서 체액 속에 전해질 농도를 약알칼리성으로 맞춘다.

　마지막으로 배아는 발기부전이나 조루 증세로 원만한 성생활을 유지하지 못하는 사람들에게 도움을 준다. 배아가 가장 살아있는 것은 현미인데, 피부와 신경통에 도움을 준다. 하지만 현미가 싫은 사람은 현미와 백미의 중간 상태인 배아밀로 바꾼다. 이렇게 자연식은 효소, 엽록소, 배아를 중심으로 채식과 생식을 중요시한다.

　어떤 사람들은 자연식에 대한 편견을 가지고 맛이 없는데 어떻게 먹느냐고 말을 한다. 하지만 막상 자연식을 접하게 되면 그러한 편견을 버릴 수 있을 것이다. 제1부에서 소개한 자연식 요리들은 천연조미료를 사용하여 맛을 내는 것에 중점을 두었다. 각종 깨끗한 재료들로 조리한 다양한 자연식 요리는 시각과 미각의 즐거움을 동시에 선사한다.

　자연식에서 자연이라는 말은 자연에서 만들어진 그대로를 제철에 맞게 몸이 요구하는 만큼만 자연스럽게 먹는다는 뜻이다. 음식은 식품 본래의 자연적이고 소박한 음식 본연의 맛을 즐기는 것이 중요하다. 분명히 자연식을 맛있게 먹다보면 마음의 안정이나 정신적인 만족감을 얻게 되는 것을 느끼게 된다. 또한 자연식을 꾸준히 하다보면

입맛이 싱그럽고 풋풋하게 되돌아오는 것을 느끼는 동시에 건강과 함께 치유 효과를 만끽할 수 있다.

맛, 보는 자연식의 비밀

경남 양산 '자연생활의 집'에서는 매일 자연식 요리가 만들어진다. 남편은 암 선고를 받고 대수술을 거쳐, 6개월 시한부 삶을 선고받았지만, 현재는 암세포를 물리치고 더 건강하게 살고 있다. '자연생활의 집'에는 하루에도 많은 전화가 걸려오고 많은 사람들이 오고 간다. 대개는 암선고를 받은 환자나 가족들인데, 이들은 직접 '9박10일 자연식 체험 프로그램'에 참여하여 직접 자연식을 체험하고 배워간다.

    자연식으로 건강을 지키는 것은 하루 이틀로 가능한 일이 아니다. 바른 식생활을 위해서는 평생을 투자해야 한다. 자연식 식생활은 처음에는 힘들지도 모른다. 그러나 자연식 식생활을 올바르게 실천해나가게 되면, 뱃속이 편안하고, 배변활동이 아주 좋아지는 것을 경험하게 된다. 자연 그대로의 맛을 온몸으로 느끼게 되는 것이다.

건강 테스트 1

점검! 나의 식생활

질문	자가진단 (문제점을 파악하라)	예	아니오
하루 세끼 규칙적으로 밥을 먹는다	밥보다는 빵이나 인스턴트 식품을 자주 먹는가		
밥은 주로 흰쌀밥을 먹는다	현미밥은 거칠고 씹는 맛이 좋지 않아 부드럽게 넘어가는 흰쌀밥을 먹는가		
화학조미료가 들어가서 맵고 짜고, 입맛을 자극시키는 것이 좋다	음식엔 뭐니뭐니 해도 강한 맛이 최고라고 생각하는가		
일주일에 2회 이상 고기를 꼭 먹는다	고기를 먹어야 힘이 솟고 영양섭취에 최고라고 생각하는가		
된장, 김치 등을 자주 먹는다	김치에는 얼마나 많은 영양소가 들어있는가		
하루에 물을 6잔 이상 마신다	습관적으로 물마시는 것이 가능한가		
커피나 음료수 등을 자주 마신다	커피나 음료수를 즐겨 먹으면 기분이 좋아지는가		
밀가루 음식이나 튀긴음식을 좋아한다	간식으로 이보다 더 좋은 것은 없다고 생각하는가		
외식은 일주일에 4회 이상 한다	집에서 해먹는 것에는 한계가 있다고 생각하는가		
저녁에 폭식을 하고, 간식을 먹는다	저녁이면 먹고 싶은 욕구가 더 치솟는가		

비교진단
예가 2-3회　양호하나, 식생활을 개선시킬 필요가 있다
예가 4-5회　절대적인 식생활 개선이 요구된다

건강 테스트 2

내 몸에 약이 되는 식품을 찾아라

해로운 식품	이로운 식품	자가진단
쌀밥	현미	
밀가루	통밀가루, 도정하지 않은 여러 잡곡류	
흰 설탕	물엿, 조청 등의 전통 감미료	
흰 소금	구운소금	
흰 조미료	다시마, 버섯, 야채국물	
육류와 우유	콩, 두부, 채소, 해초류, 견과류	
음료수	음료 마시는 물 섭취로 대체	
식용유	씨앗, 견과류	

이것만은 꼭 피해라

자연식에서 필히 피해야 되는 식품이 몇 가지 있는데, 발효 식품 즉, 젓갈류가 든 김치는 발효 과정에서 독소가 발생하므로 먹지 않는 것이 좋다. 소금에 절인 생선이나 젓갈류에는 니트로사민, 니트로사마이드 등 페놀 합성 발암 물질이 생겨서 암을 일으키는 원인이 된다. 또한 튀긴 음식과 지방질이 많은 음식은 피해야 된다. 튀긴 음식은 체내의 분자 운동을 교란시켜 노화와 통증의 원인이 된다.

그리고 강이나 바다의 오염으로 인해 가급적 어류나 조개류도 먹지 않는 것이 좋다. 일례로 고등어의 다이옥신 함량은 채소의 104배이다. 조개류는 강과 바다의 뻘을 청소해 주는 역할을 하기 때문에 그 오염도는 심각하다.

자연식 밥상 눈여겨 보기

자연식은 어느 누구나 단순하게 조리할 수 있어 편리하다. 조리법에 있어서 주의할 점이 몇 가지 있다는 사실만 잘 알고 있으면 된다. 섬유질이 풍부한 식사는 과일과 채소에 묻은 농약의 60%를 흡착해 배출해낸다. 자칫 소홀하면 영양이 부족할 수 있는 자연식에 영양을 듬뿍 주기 위해서는 먼저 세 가지를 꼭 생각하고 음식 만들기에 들어가야 한다. 첫째, 영양을 우선으로 식단을 짜는 것이다. 주로 동물성보다 식물성에서 영양을 섭취하기 위해 고민해야 한다. 둘째, 입맛을 자극하는 시각과 미각의 조화를 생각해서 요리해야 한다. 셋째, 맛을 보다 좋게 하기 위해 좋은 재료의 궁합을 생각하고, 정성을 듬뿍 담아 요리하도록 한다. 자연식 요리 과정에서 가장 중요한 몇 가지를 밝혀본다.

- 현미밥을 먹는다.
- 단백질은 콩류로, 지방질은 견과류 등 식물성 지방으로 대신 섭취한다.
- 모든 재료는 제철 야채와 자연 식품을 사용한다.
- 일반 양념 대신 자연식 소스를 만들어 쓴다.
- 참기름이나 매운 고춧가루 등 각종 조미료를 쓰지 않고 음식은 가급적 볶지않고 사용한다. 식용유는 기름을 짜는 과정에서 유해 물질이 많이 발생

하므로 식용유 대신 올리브기름을 구입해서 쓴다.
- 모든 조미료는 야채국물이나 구운소금, 버섯소금으로 간을 한다.
- 곡식이나 채소류는 저농약 또는 무농약으로 재배된 것을 구입해서 쓴다.
- 소금은 구운소금을 쓰고 소량 섭취를 한다. 소금양은 하루 4g이 적절하다. 하절기에는 땀으로 많이 배출되므로 6g을 섭취한다. 소금을 과량 섭취를 하면 간암이나 위암의 발병이 높다.

- 요리에서 가장 많이 사용하는 것 중 하나가 간장인데, 이를 대신해서 야채국물을 우려내어 사용하고 발효되지 않은 가루간장이나 천연소금으로 간을 한다.
- 단맛을 낼 때는 천연벌꿀이나 호박, 조청을, 신맛을 낼 때는 레몬을 사용한다.
- 참깨, 들깨가루를 사용한다.
- 김치를 담글 때 젓갈을 넣지 않는다.
- 참깨, 호두, 들깨, 땅콩, 잣 등 견과류를 이용하여 지방을 보충한다.
- 고기 대신 밀고기를 사용한다. 밀고기는 글루텐으로 육질을 내고, 비트로 색을 입혀 고기의 맛과 색을 그대로 살린 자연식만의 별미이다.

건강 테스트 3

성인병, 바로 알고 대처하자

심장병	심장에 산소나 영양 등이 관상동맥에 보내지지 않아 그 기능을 다할 수 없는 상태이다.

정의 및 증상
- 가슴이 두근거리며 숨이 찬다.
- 가슴의 통증을 느낀다.
- 손발이나 목덜미, 얼굴에 부종이 생긴다.
- 기침이나 가래가 있고 현기증을 동반한다.
- 맥박이 흐려지거나 호흡 곤란으로 실신을 한다.
- 어금니의 통증과 위의 통증이 있다.

식이요법
- 야채, 과일로 충분한 비타민을 섭취한다.
- 동물성 지방 섭취는 절제하고, 식물성 기름을 섭취한다.
- 양질의 단백질과 미네랄, 비타민을 충분히 섭취한다.
- 당뇨의 원인이 되는 과식, 칼로리 섭취 과잉에 주의한다.
- 요산을 증가시키는 퓨렌purine을 피한다.(멸치젓, 닭, 소, 대구, 넙치, 빙어, 송어, 조개류 등)
- 소금을 4g미만으로 줄이고 화학조미료, 베이킹파우더를 먹지 않는다.
- 심장을 흥분시키는 뜨거운 음식이나 찬 음식은 피한다.
- 후추, 겨자, 카레, 와사비 등 자극성이 강한 조미료, 탄산음료는 제한한다.
- 특히 심장병 환자는 술을 마시지 않아야 한다.

뇌졸증

뇌혈관 장애로 발생하는 모든 질환 및 사고를 말한다.

정의 및 증상
- 편두통이 일기 전 눈이 침침해지면서 구토를 한다.
- 목부위나 팔다리가 뻣뻣하게 경직된다.

식이요법
- 콩으로 양질의 단백질을 섭취한다.
- 불포화 지방산으로 콜레스테롤을 줄인다.

동맥경화증

혈관의 노화현상으로 고혈압, 당뇨병, 고지혈증, 스트레스, 흡연, 당분 등이 원인이 된다.

정의 및 증상
- 눈이 피로하다.
- 말이 마음대로 나오지 않는다.
- 몸이 자주 붓는다.
- 가슴에 통증을 느낀다.
- 몸이 나른하고 피로감을 느낀다.
- 최근의 일은 잊어버리고 옛날 것은 잘 기억한다.
- 눈물이 많아지고 화를 잘 내는 등의 자기 중심적인 행동을 한다.

식이요법
- 콜레스테롤이 많은 식품을 다른 식품으로 대체한다.
- 잡곡류, 현미와 과일, 채소류 등 섬유소가 풍부한 식사를 한다.
- 염분 섭취를 감소한다.
- 간식이나 술 등을 포함하여 식사의 열량을 줄인다.
- 지방은 총열량의 20~25%로 하여 주로 식물성 기름을 사용한다.
- 설탕을 피해야 한다.

· 음주를 피한다.

암

비정상적인 세포의 집단을 종양이라고 부르는데, 이것 중 악성 종양을 암이라 말한다.

정의 및 증상
- 별다른 통증은 없으나 뚜렷한 원인 없이 안색이 나빠지고 빈혈증세가 나타난다. (모든 암)
- 오랫동안 위장 상태가 나쁘고 식욕이 떨어진다. (위암)
- 대하에 피가 섞인다. 이상출혈이나 접촉출혈이 있다. (자궁암)
- 유방에서 멍울이 만져진다. (유방암)
- 음식을 삼킬 때 목에 걸리는 것같이 느껴진다. (식도암)
- 대변에 피가 섞인다. (대장암, 직장암)
- 기침이 오래 계속되고 객담에 피가 섞인다. (폐암)
- 목소리가 쉬어 오랫동안 낫지 않는다. (후두암)
- 입 속이나 피부에 낫지 않는 궤양이 있다. (설암, 피부암)
- 배뇨가 불편하고 소변에 피가 섞인다. (방광암, 신장암, 전립선암)

식이요법
- 편식하지 말고 영양분을 골고루 균형있게 섭취한다.
- 녹황색 채소를 위주로 과일 및 섬유질을 많이 섭취한다.
- 비타민A, 비타민C, 비타민E를 적당량 섭취한다.
- 표준체중을 유지하며, 과식하지 말고 지방분을 적게 먹는다.
- 동물성 지방의 과다섭취를 피한다.
- 가공식품이나 인스턴트 식품을 피한다.
- 너무 짜고 매운 음식과 너무 뜨거운 음식을 피한다.
- 불에 직접 태우거나 훈제한 생선이나 고기는 피한다.

- 곰팡이가 생기거나 부패한 음식은 피한다.
- 술은 과음하지 않으며 자주 마시지 않는다.
- 담배는 금한다.

당뇨병

소변에 단맛이 나는 증상이 있다.

정의 및 증상
- 잠을 이룰 수 없을 정도로 갈증이 계속 난다.
- 자꾸 소변을 본다.
- 음식을 먹어도 허기가 져서 자꾸만 먹게 된다.

식이요법
- 잡곡류, 콩류 등의 고섬유소 식사를 하고, 껍질째 먹을 수 있는 생과일을 이용한다.
- 동물성 지방과 콜레스테롤을 적게 섭취한다.
- 고구마 줄기, 버섯, 고비, 깍두기, 김, 곤약, 쑥갓, 미나리, 배추 등이 좋다.
- 기름 사용을 줄인다.
- 설탕과 소금을 줄인다.
- 칼로리가 적은 음식을 골라 공복감을 채운다.
- 설탕, 카레, 토마토케첩, 된장, 소금, 간장, 인공 감미료 등 특수식품을 피한다.

간질환

간은 장에서 받아들인 유해한 성분들을 해독시키는 작용을 하는데, 황달을 제외한 나머지 간질환은 외부적으로 잘 나타나지 않거나, 전혀 나타나지 않는 경우도 있다. 흔히 초기 증상으로 전신 무력감을 느끼는 경우가 많다.

정의 및 증상
- 피로와 전신무력감을 느낀다.

	· 오른쪽 젖가슴 밑에 통증이 온다
	· 피부와 흰 눈자위가 노랗게 변한다.
	· 잇몸에서 자주 피가 나고 코피도 자주 흘린다.
	· 멍이 자주 든다.
식이요법	· 적당한 지방 섭취를 한다.
	· 충분한 열량을 섭취한다.
	· 충분한 비타민과 무기질을 섭취한다.
	· 술은 피하고 수분을 충분히 섭취한다.
	· 간염은 미음, 맑은 국물, 채소, 과일 수프, 신선한 과즙 등 소화되기 쉬운 음식을 먹는다.
	· 지방간은 단 음식과 탄수화물을 피하고 신선한 채소를 먹는다.
	· 간경변은 아침에 생수를 충분히 먹는다. 곡류 섭취를 늘리고 식사량이 작을 경우에는 꿀, 과일 등 농축된 당질을 보충한다.
	· 간세포의 재생을 위해 충분한 단백질 섭취를 할 필요가 있으나 간성 혼수가 있을 때는 1일 30g 이하로 제한한다.

비만

섭취하는 칼로리에 비해 소비하는 칼로리가 적어 체내의 지방으로 축적되어 일어나는 현상이다.

정의 및 증상	· 고혈압, 동맥경화, 당뇨병, 관절장애 등 합병증을 일으키는 가장 주 요인이 된다.
식이요법	· 기름에 튀기는 식품보다는 백반 및 구이, 찜 등의 요리를 섭취한다.
	· 열량이 적은 식품인 녹황색 채소, 오이, 김, 미역, 곤약 등을 섭취한다.

- 인스턴트 식품은 피하고 조리해서 직접 섭취한다.
- 사탕, 탄산음료, 케이크, 초콜렛 등의 단순당질 식품은 피한다.
- 동물성 식품을 섭취하기 전에 기름을 제거한다.
- 음식의 양념은 짜지 않게 하고 싱겁게 조리한다.
- 반드시 계량 기구를 사용하여 음식을 달아본다.

성인병, 밥상에서 고친다

성인병이란 중년 이후의 성인에게 생기는 병이라는 뜻이다. 그러나 요즘은 점점 발생 연령이 낮아지고 있어, 심지어는 초등학생에게도 고혈압, 당뇨병 등의 성인병이 발생한다. 식생활이 변하면서 가공 식품을 즐겨 먹고, 칼로리 섭취가 지나쳐 비만증이 생기기 때문이다.

산업화된 사회에서 자주 볼 수 있는 거의 모든 만성병은 다 성인병이라고 할 수 있다. 성인병이 증가하는 이유는 단순히 인구 구조가 고령화됐기 때문이 아니라 현대인의 생활이 성인병 발생을 촉진시키기 때문이다.

보통 성인병은 여러 가지 원인, 즉 올바르지 못한 식생활, 운동 부족, 술, 담배, 과로, 스트레스 등이 복합적으로 작용해서 생긴다. 또한 어느 한 가지 병으로 그치는 것이 아니라 두세 가지 복합적으로 발병하는 경우도 많다. 신체의 신진대사가 나빠져서 생기는 퇴행성 만성병인 성인병에 걸렸다 하더라도 합병증만 생기지 않는다면 충분히 치료가 가능하고, 건강을 유지할 수 있다.

성인병은 조용히 진행되며, 증상이 나타났을 때는 이미 질환이 많이 진행되어 있는 상태이므로, 질병의 예방과 조기 발견에 치중해야 한다. 즉 일정한 운동을 포함한 규칙적인 생활을 하고, 과식이나 과음을 피하며, 스트레스를 해소하는 생활을 해야 한다. 무엇보다 성인병은 먹는 것에 대한 관심과 배려가 가장 중요하다. '무엇이 내 몸에 좋은가' 보다 '안 먹어야 할 것이 무엇인가'를 잘 아는 것이 중요하다. 먹지 말아야 할 것을 많이 먹어서 병이 생기고 필요한 음식들을 골고루 안 먹어서 병이 커지는 것이다.

왜 자연식에서는 육류 섭취를 피하는 걸까?

육류는 모든 식품 중 칼슘이 가장 적게 들어있으며 장 속에 머무는 시간이 길어질 경우에는 독소의 흡수가 증가하여 중독 작용을 일으킨다. 또한 다른 음식에 단백질과 지방이 다량으로 흡수되어 혈액 속에 콜레스테롤이 증가된다. 이로 인해 동맥경화증 등 여러 가지 질병의 원인이 된다.

육류는 단백질과 지방의 함유량이 높기 때문에 암세포가 증식하기에 가장 좋은 조건을 가지고 있다. 인간의 몸속에 만들어진 암세포가 발육할 때 여러 가지 영양소가 필요하다. 이때 영양이 가장 풍부한 육류가 암세포 발육을 가장 많이 돕는다. 채식을 하는 사람은 저단백질, 저지방 식사를 함으로써 암에 걸릴 확률이 낮다.

육류는 여러 가지 발암 물질이 생기기 쉽다. 1Kg의 쇠고기를 불에 구우면 벤조피렌이라는 발암 물질이 생성되는데, 담배 600개피 정도를 필 때의 양과 같다. 또 육류의 지방이 열을 받게 되면 메틸코란토렌이라고 하는 발암 물질이

생성된다.

    육류의 오염은 곡채류의 오염보다 훨씬 더 심각하다. 미국에서 생산되는 항생제의 30%가 축산업 및 수산 양식업에 사용되고 있다고 한다. 우리나라 경우도 미국과 못지않다. 현재 우리나라 전문가들은 우리나라에서 세균의 항생제 내성율이 세계 1위를 기록하고 있는 가장 큰 이유로 사료가 투여된 다량의 항생제와 호르몬제를 들고 있다. 이와 같이 육류는 발암 물질과 함께 면역력 저하를 불러오는 큰 요인을 갖는다.

    하지만 자연식의 주요 요소인 과일과 채소에는 비타민과 광물질이 있어 노폐물로 쌓인 조직을 뚫어주고 독을 중화시킨다. 과일에는 두뇌를 맑게 하는 레

시틴이, 채소에는 혈당을 조절하는 섬유질이, 해초류는 혈중에 있는 독성을 제거하는 펙틴과 알긴산이 들어있다. 또한 식물 속에 있는 특수한 영양소들이 육식으로 손상된 우리 인체에 치료 효과를 낸다. 식물성 지방에는 비정상적인 콜레스테롤이 없다. 이렇게 자연식을 많이 하다보면 자연히 칼슘이 공급되어 뼈대가 튼튼해지고, 호르몬 수치를 정상적으로 유지시킨다.

몸에 좋은 식사법 알기

자연식의 주재료인 과실류에는 비타민, 지방질, 단백질 등이 들어있고 곡류에는 70-80% 이상의 탄수화물이 들어있다. 채소류는 비타민, 섬유질 등으로 구성되어있다. 이런 음식에 따른 성분들을 염두하여 탄수화물, 단백질, 지방, 비타민, 무기질 등 각종 영양소를 고려한 식단을 짠다. 아침에는 단백질, 점심에는 탄수화물, 저녁에는 비타민을 중심으로 식단을 짜면 가장 좋다. 단백질 식사는 곡류와 견과류를 중심으로 식단을 짜고, 탄수화물 식사는 채소 과일과 야채류, 비타민 식사는 과일을 주로 먹는다. 또 봄과 여름에는 알칼리성 식단, 가을과 겨울은 산성 식단을 만든다. 알칼리성 식단은 채소와 과일류를, 산성 식단을 곡류와 견과류를 주종으로 해서 짠다.

식사를 차릴 때 한끼에 4~5가지 이상 음식을 먹지 않는 것이 좋다. 음식 종류가 늘어나면 위장에 가스를 유발하고 음식을 부패시키기 때문이다. 그리고 영양의 균형이 잡힌 식사를 위해 식사 때마다 식품 종류를 바꾼다. 식사 시간은 최소 30분 이상씩 여유 있게 음식물을 꼭꼭 씹어서 먹는다. 급하게 먹는 음식은 소화기관으로 가서 각 장기의 역할을 충분히 할 수 있는 능력을 상실한다. 이러한 영양가 있는 자연식 위주의 식단은 간식을 먹고 싶은 욕구를 없애준다.

그리고 자연식은 매 끼니때마다 과일과 함께 먹는 것이 좋다. 과일에는 당질이 많이 들어있는데, 충분히 과일을 섭취하지 못하면 자꾸 단것이 생각나게 되어 설탕이나 사탕 등을 찾게 된다. 또한 자연식 후 고기가 자꾸 생각난다면 그 식단의 문제점을 찾아보고 균형 잡힌 식사를 하고 있는지 검토한다. 특히 자연식의 별미인 밀고기 요리는 고기를 대용하여 고기의 맛 그대로 먹을 수 있다.

자연식 10일 식단표

경남 양산시 원동면에 있는 원동역에 내려서 좁은 시골길을 따라 구비구비 펼쳐져있는 능선을 오른다. 푸른 나무가 우거진 원동 늘밭마을을 찾아가는 길은 도시를 찾아가는 길과는 다르다. 몸과 마음을 식혀주는 공기, 산새들 지저귀는 소리… 그 풍요로운 자연 속 해발 500m 산꼭대기에 송학운 김옥경 부부가 살고 있는 '자연 생활의 집'이 있다. 이 곳에서는 일반인과 환자들을 대상으로 공동체 생활을 할 수 있는 기회가 주어지는데, 이 '9박 10일 프로그램'은 찾아오는 사람들에게 건강을 지킬 수 있는 행복의 비밀을 모두 공개한다. 무엇보다 아침, 점심, 저녁으로 다양하게 제공되는 자연식 요리는 뱃속을 편안하게 한다. 영양의 균형을 잘 생각하며 식단표를 짜야 올바른 자연식을 한다고 말할 수 있다. 자연식을 만드는 것에 익숙하지 않은 이들을 위하여 '자연생활의 집'에서 진행되고 있는 균형잡힌 자연식 10일 식단을 공개한다.

1일
- **아침_** 미역새알죽, 땅콩, 오우트두유, 사과, 노란고구마 오븐구이, 야채통밀빵과 사과잼, 김구이
- **점심_** 현미영양솥밥, 양상추와 캐슈넛마요네즈드레싱, 늙은 호박전, 육개장, 더덕 고추장구이, 방울토마토, 밀고기 양념불고기
- **저녁_** 통밀손칼국수, 삶은 옥수수, 메론

COOKING TIP 가정에서 10일 식단표를 실천하는 경우, 점심 때는 보통 현미쌀과 현미찹쌀을 1:1 비율로 섞어서 현미밥을 해먹으면 된다.

282

2일

아침_ 아몬드두유, 사과, 감자 오븐구이, 현미과일썰기떡, 콩나물죽, 볶은은행, 김구이

점심_ 현미무우밥, 겨울초겉절이, 갈비찜맛 밀고기, 두부완자전, 우거지국, 배추, 당근과 쌈장, 바나나

저녁_ 열무김치, 물냉면, 토마토, 통밀건빵, 배

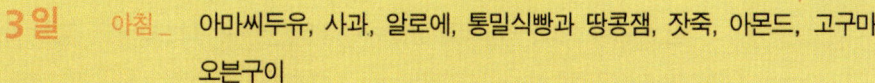

3일

아침_ 아마씨두유, 사과, 알로에, 통밀식빵과 땅콩잼, 잣죽, 아몬드, 고구마 오븐구이

점심_ 현미LA김밥, 탕국, 명태맛 밀고기, 뉴그린채소와 양배추드레싱, 양파사라다, 깍두기, 토마토

저녁_ 통밀검정콩소스 자장면, 통밀건빵, 배, 오렌지

4일

아침_ 메론두유, 사과, 마, 통밀오우트밀와플빵과 무화과잼, 현미떡국, 푹 삶은 연근

점심_ 현미콩나물 김치밥, 닭고기맛 밀고기, 취나물, 순두부찌개, 감자찹쌀구이, 두부톳나물무침, 두릅과 레몬초고추장, 상추, 쌈장, 참외

저녁_ 통밀토마토 스파게티, 통밀모닝빵, 토마토

5일　아침_　검정콩두유, 사과, 토란 오븐구이, 통밀샌드위치, 현미야채죽, 캐슈넛, 김구이

점심_　현미비빔밥, 미나리겉절이, 콩나물국, 돼지고기맛 밀고기, 도토리묵무침, 겨자잎과 쌈장, 토마토, 머위나물, 쑥국

저녁_　콩국수, 쑥썰기떡, 수박

6일　아침_　참깨두유, 사과, 마, 통밀야채피자, 통밀만두국, 피스타치오, 감자 오븐구이

점심_　현미김밥, 말린표고버섯탕수, 토란탕, 감자사라다, 나박김치, 청경채와 아보카도 소스, 딸기

저녁_　통밀야채만두, 자두, 구운밤

7일　아침_　싹낸밀두유, 사과, 밤구이, 통밀쑥송편, 녹두죽, 호도, 김구이, 팥빵

점심_　현미볶음밥, 잡채, 연근조림, 깻잎겉절이, 배추, 쌈장, 당근, 토마토, 새송이버섯 불고기구이, 밀고기 김치말이, 미역국

저녁_　통밀야채 쟁반국수, 밀감, 건빵

자연식 길잡이 둘!

8일

아침 _ 들깨두유, 사과, 고구마구이, 통밀햄버거, 현미견과죽, 밤

점심 _ 현미쑥밥, 버섯야채전골, 참외, 부추전, 파래무침, 오이양파무침, 신선초와 토마토드레싱, 닭강정, 추어탕, 수박

저녁 _ 통밀잔치국수, 통밀식빵구이와 아몬드대추잼, 키위

9일

아침 _ 딸기두유, 사과, 삶은 옥수수, 수수부꾸미와 꿀참깨잼, 새알심호박죽, 김구이

점심 _ 현미야채 두부덮밥, 냉이국, 풋고추된장무침, 무우생채, 메론, 치커리와 마요네즈드레싱, 밀고기 수육

저녁 _ 통밀수제비, 감자구이, 참외

10일

아침 _ 검정깨두유, 사과, 고구마 오븐구이, 통밀찐빵, 현미느타리버섯죽, 김구이

점심 _ 현미오곡밥, 장어맛밀고기, 바나나, 가지찜, 알타리무우김치, 김국, 과일사라다, 김무침 레드치커리와 레몬드레싱, 딸기

저녁 _ 통밀파인애플 비빔냉면, 땅콩쿠키, 석류